성연 시인선 29

바람이 전하는 말

최문수 시집

도서출판 성연

2 | 바람이 전하는 날

| 시인의 말 |

　제가 시간 타고 살아가는 것이 참으로 신기하다. 세상에 안겨 나를 바라보는 운명이 내가 생각하고 움직임에 따라 내 삶은 내가 언제 어디서 무엇을 어떻게 왜 사는가를 넌지시 물어올 때가 있다.
　이것은 사회생활이 어렵고 정신이 흔들리는·그때 물음에 한가지라도 틀리고 거짓 없었다면 시간은 현실 이겨내라며 고통을 주면서 뒤돌아본 삶에서 나(我)를 찾아주는 것으로 고통을 이겨내라고 말한다.
　이때 나는 자존의 세상이 다가올수록 뒤돌아보며 지난 일들에 나의 징검다리 디딤돌은 거부없이 나를 또다시 바르게 일으켜 세우는 용기를 주었다.
　사회생활에 있어 문학의 입문에 들어선 토대도 정신과 육체의 피곤함을 이겨내기 위해 되돌아본 중년의 시간을 태워온 운명의 창작에 예지력을 깨달아 보니 잘 살아가라는 15세 전후 고향 어개*(*어개: 출생지 마을 이름. 사전엔 어귀가 동의어)과거 회상이 앞날 희망의 일들 기초 북돋워 주듯 사랑해주신분들에 은혜의 보답함이 정진의 삶이다.

　2025년 7월 가고파 도시에 사는 최문수 올림

시인의 말 • 3
목차 • 4

1부. 곰바우의 소나무

희망을 찾아서 • 10
유세선거 • 11
외로울때면 • 12
동심(童心)의 봄 • 13
자연의 비애 • 14
봄날의 병동 • 15
도시인의 고행 • 16
매화 곁에서 • 17
소년의 그리움 봄꽃으로 • 18
유세시비 • 19
낙엽은 우리의 • 20
시가 되어
동반자 • 21
따뜻한 난로 • 22
봄꽃 • 23
아카시아 꽃밥 • 24
곰바우와 소나무 • 25
늪의 소리 • 26
자식의 그리움 • 28
매화의 춘심 • 29

2부. 붉게 핀 접시꽃

동이 내밀의 서울은 • 32
산행의 정 • 33
들꽃처럼 • 34
낮달 • 35
자귀 나라의 연정 • 36
그리운 세상은 춤을 • 37
춘다
엘레지 꽃의 후원 • 38
꽃향유 임을 찾는다 • 39
태극의 6 하늘아래 • 40
봄나들이 추억 • 41
수정 고드름의 단정 • 42
중천에서 해를 보다 • 43
천국의 꽃잠 • 44
삶의 순환길 • 45
거룩하신 임에 고별 • 46
사밀-2 • 47
길라잡이 • 48
붉게 핀 접시꽃 • 49
막장의 얼 • 50

3부. 어머니의 하얀 발자국

장미의 꿈 • 54
국화의 영혼으로 • 55
첫눈의 회상 • 56
안전은 삶의 꽃길 • 57
도시 하청의 일몰 • 58
삼일절의 봄꽃은 핀다 • 59
내 고향 오재울 마을 • 60
선풍기와 나 • 61
어머니의 하얀 발자국 • 62
나비 바늘꽃의 연정 • 63
향기 잃어 담아낸 자태 • 64
봄 잉태 • 65
무직의 가난 존심의 배반자 • 66
여름의 전설 • 67
봄 길 • 68
독도는 안다 • 69
남천 남면로 일상에서 • 70
동박새 그리움 찾아서 • 71
정취암 기행기 • 72
전주 역사를 보다 • 73

4부. 이상의 바다 위에서

코로나 19 바이러스 • 76
아침의 여정 • 77
도가 샘터의 추억 • 78
아이야 일어 나가자 • 79
이상의 바다 위에 • 80
바람이 전하는 말 • 81
신발의 기쁨 • 82
선걸음의 미투리 • 83
백두대간 봄꽃 나들이 • 84
홍매화의 연정 • 85
봄날의 초상화 • 86
우리의 봄뜰 • 87
잔소리와 뿔따구 • 88
엘레지 꽃의 고절 • 89
자연의 삶을 담자 • 90
톱의 애절한 선율 • 91
봉암저수지 와 백암지 • 92
후투티 • 93
봄의 정서 • 94
청리언덕 혼연의 술밭길 • 95

5부. 바람이 전하는 말/ 최문수 시집 시 해설

- 생명의 빛을 포착해 내리는
  윤리적 감수성이 뚜렷한 시들 -
  - 배성근(시인,수필가)시와늪문인협회회장 • 98

누구에게나 바람이 흔들어 묻는다
그대 어디서 와 무엇을 하려는가
열정이 발목 잡혀 잠 못 이루는 밤인지
오가는 길엔 사계절 꿈이 왜 피는 가를

어둠에 새싹은 싱그러운 꿈 펼쳐주지만
세상 다잡으며 산과 호수에 피어난 창포
아름다운 열매는 모두의 즐거움이 되지만
언론의 일상 거짓은 대중에 어둠길이다

누구에게나 바람은 깨우쳐 말한다
빛과 어둠의 길을 우리에게 전하면서
어둠을 끝내 이겨내면 그것이 행운이지만
빛에서 꽃피우지 못하면 결실은 없다고

우리가 자유를 맞이할 때는
바람이 전하는 말에 솔직한 풀잎처럼
명암의 사계절 변화 무쌍한 물의 길처럼
스스로 겪어내야 마음의 바다 이룬다고

– 최문수 시인의 「바람이 전하는 말」 전문

| 1부 |

곰바우와 소나무

01 | 희망을 찾아서
02 | 유세 선거
03 | 외로울 때면
04 | 동심(童心)의 봄
05 | 자연의 비애
06 | 봄날에 병동
07 | 도시인의 고행
08 | 매화 곁에서
09 | 소년의 그리움 봄꽃으로

10 | 유세의 시비
11 | 낙엽은 우리의 시가 되어
12 | 동반자
13 | 따뜻한 난로
14 | 봄꽃
15 | 아카시아 꽃밥
16 | 곰바우와 소나무
17 | 늪의 소리
18 | 자식의 그리움
19 | 매화의 춘심

희망을 찾아서
— 2014. 4월

낮은 곳에 머물다 갈 길 잃어 얼은 마음에
청량한 개울 소리 울릴 때
가야 할 꿈길 새벽같이 찾아 나섰다

고샅 길 벗어나 황강의 급류에 발 묶일 때
사계절 여상*이 오간 인내의 발자취에서
꿈은 고난 이겨낸 징검다리 믿음이었다

생짜로 산 지름길 헤매던 개척의 낙심은
예지자의 신념에 찬 기도에 이끌려
정화수 사발에 이는 물결에서
운명은 길 위에 삶이라는 걸 알았으며

세파에 시달린 삶이 절망일지라도
갈매의 언덕에서 바라보는 염원은
산에 올라야 산이 많다는 것을 알듯
길 위에 이는 새로운 꿈길의 설렘 맞는다

유세 선거

- 2010. 7.15

도시의 길을 가는데
신호등 모퉁이에서 유세를 한다

길에 명함이 나르고
떼 지어 고성방가로 공명을 부른다
갈등 났다

오월에 비가
유세 날 모퉁이에서 억수로 휘몰아친다
나부끼던 것들은 씻겨 나가고
모두가 바라보는 길에
표심의 적신호만 깜박인다

유권자는 모퉁이 돌아
안식에 터 찾아가는데
애타던 그 후보 떠난 길을 모르겠다
미소의 전당에서 마주하면 좋겠다.

외로울 때면

- 2017. 1. 15. 17

외로이 속절없는 바람에 바라보며
시간 거리 아픔으로 나는 슬프고

가난 안고 살아가는 어울림 터에서
인연의 뜻에 모자람으로
앉은자리 그림자에 나는 외로웠다.

시절이 익어갈수록 애절한 그리움
스산한 밤안개의 이슬이
만추의 떡갈잎 헤집을 때면

삶에 그림자 아쉬움에 몸부림으로
미련에 그리운 사랑이 익어갈수록
어머니 반길 미소의 꽃길 활짝 피었네

동심童心의 봄
-2011.4.16

기다리는 햇빛이 우리 마음 비칠 때
머문 자리 흑백의 영혼들은
잠에서 깨어 무등의 아동이 된다

돌아온 아지랑이 속삭임에서
오가는 시간에 가려진 동심은
동근 방울 놀이 기쁨이 아동의 마음이다
동토의 냇물 버들피리 노래 소리에
철부지는 청춘의 꿈을 피우고
어른은 아동 되어 산 들에 꽃놀이 할 때

창문에 당신의 보금자리 추억은
초목의 우듬지에 여행의 봄바람 싣고
노을에 걸린 인생을 깨운다

자연의 비애
- 2017. 4. 6

비는 환생(幻生)의 혼으로
메마른 환경에 무아의 삶을 깨우지만
우린 이기의 영혼이 되어 영욕이 빚은 유해를
환생의 혼으로 씻어내 삶의 터를 오염시킨다

비가 오는 날이면 비에 갇혀 운다
햇살은 깨어 있는 영혼을 북돋지만
우리는 따스함에 안겨 제 빛깔의 향기에 취해
문화로 부족함을 만들고 하늘을 우러러보다
이상 기류로 죽음의 풍파를 맞는다

갠 날이면 햇살의 오롯함에 안겨 운다
자연이 좀스럽던 도시인
나눔의 삶 함께하지 못한 모자람에
때 늦은 그리움의 눈물 흘리지만
자연은 모두 안고 *변환(變幻)의 길 갈 뿐이다

봄날에 병동
- 2012년 7월

자연의 질서를 무시로 헤집어 내더니
문명의 질주에 추돌한 동승자들
방심의 상처는 편승의 자화상

정형외과 병동에
허겁지겁 문전 성쇠 문병 인사는
의료보험 보상 가입에 희비가 온다

부유층 몰골에 정형의 여유로운 상처
각종 보상 보험의 환승자들
허례허식에 걱정은 없는데
소외계층 몰골에 웃음 털린 넋은
사고의 무 보상에 목 놓는 아우성이다

가슴은 무너지는데 온 누리 햇살은
푸른 잎에 춘곤증의 그림자만 드리우고
늦은 봄의 너울 바람은
아픈 상처의 마음에 무시로 스친다

도시인의 고행
-2017. 4. 6

도시를 나와 자연에 내딛는 고등의 짐승은
걸음걸이가 길어질수록 고개는 숙인다

동경의 가파른 언덕에 다다를수록
두 손 벌려 큰절하며 손이 발이 되어
어머니를 부르며 네 발로 기어오른다

유아가 어머니의 품에서 첫 행보 하듯
몸은 낮추고 귀족의 자태는 잊혀 가면서
마음 비워 오를 수 있는 만큼 오른 것이
자연으로 돌아가 기원(起原)*에 살던 모습
잠시나마 자연인이 된 것이다

저(猪) 사람은 죽을 힘 다해 오르지만
오른 만큼 시야에 사로잡힌 풍물 담아내
도시로 내려가 자유인이 되어서는

안기던 어머니의 품을 까마득히 잊고
주변의 아름다운 환경을 파헤쳐
우리 사각의 틀 안에 풍경 가두어 놓는다

매화 곁에서

−2023. 1. 9.

봄 타는 마음 나들이 찾아 새 옷 입고
어울림을 애태우는 향기에 취해
설중매 바라보는 그리운 원동역 곁에서

연속부절 순간의 고요 속 햇살 비집고
백매 청매 홍매 설원의 곱다한 자태로
꽃망울 봉긋이 어울려 수줍음 틔울 때

아득히 계시던 동심의 임께서 아로새겨
어여쁜 춘분의 정 향응에 시를 드리워
누이들 고운 미소 곱게 담아 늘 그립고

그믐달 농부의 매실은 지에밥 삼는데
이른 시절 머금은 소년의 외로운 눈물은
햇무리 몰아가는 소남풍*이 품었는가

소년의 그리움 봄꽃으로
-2017. 1. 8.

기운 돋아 반긴 화창한 날
마음 놓지 못한 소년의 그리움 앞에서
한없이 머물고 싶다

심신이 따스함이 없던 기억 속으로
활짝 핀 들꽃처럼 봄꽃의 영혼 되어
소년에게 곱고 붉은 꽃을 피우고 싶다

외로움의 뜨락 봄 입김에 타들어 가는
새싹의 단풍잎처럼
꽃향기에 젖은 영혼으로 더없이 취해

오는 세월 속으로 내가 못다 핀 소년에게
소년의 끝없는 희망 봄꽃으로 흐르고 싶다

유세의 시비

-2012. 7. 9.

선심의 저 후보 맞춤에 다져진 공약이
세몰이 표심 모아 가는 심정에
유세 판 네가 없어야 내가 살판난다

초심에 이 후보 명함의 알찬 공지에도
제 갈 길 바쁘다. 돌아선 유권자들은
무시로 애를 날리니 속이 쓰리겠다
희망찬 진실의 호소가 허공을 맴돈다

네가 잘해야 나도 유세할 수 있다
명예의 전당 화촉의 세몰이 담은
흙탕물 속에서 민주의 꽃은 피지 못한다

민심을 방관으로 대하는 당선자 인식에
보름달 주변 별들의 속내가 달보다 밝듯
가난에 민의 머리 맞대 밤새 살판 내라

낙엽은 우리의 시가 되어
- 2013 1 22

낙엽은 햇빛을 타고서 그리운 눈물 흘리며
아쉬움에 바라볼 수 있는 누각에 앉아
홀로 다가선 이의 외롭지 않은 시가 된다.

언젠가 낙엽은 시인이 시를 탈고하듯이
새싹의 아침 눈물을 빛의 쉼터로 새기고
바람이 머물 때 희망의 영혼 빛을 돋웠다.

때로는 낯설고 굽은 길에 남루한 삶에서
비애의 소리 기울여 자신으로 살피고
허물없이 동행하는 이들이 알지 못하는
기다리던 바람 앞엔 신나는 놀이로 반겼다.

시류에 젖은 열정을 담아낸 무수한 꽃들은
수려한 자태 겹겹이 고독히 내려놓으며
우리의 삶이 잊힌 그리움 잠잠히 새겨준다

동반자
- 2013. 1. 22

바라본 모퉁이 돌아 어디쯤 가고 있을까
바람의 언덕 앞선 자의 무거운 발소리가
들녘에 잠들어 이르지 못한 슬픔 깨운다.

또다시 길을 묻고 함께 넘어야 할 그리움
현명한 자 기다리며 일그러진 얼굴에서
끝내 해후의 아름다운 동행을 청한다.

마주하는 사계절 뒤안길에서 가슴 서린
갈등의 어긋남이 있는 것처럼 어둠에
일식의 음양 이치를 일깨우듯 시류에서

초심에 그리운 눈물로 가려진 올곧은 길
모난 곳을 다듬어 헤어짐을 씻어 안고
만남의 가시울타리 너머 향기를 품어서
아픔이 익어가는 사랑의 인연을 맺는다

따뜻한 난로
−2010. 4.13

추운 계절 누가 냉정한 창문 두드릴 때
어둠에 한구석에서 보호막 두르고
햇살 눈 바라던 외로운 기운 깨어난다

나눔의 푸른 꿈들이 사랑 펼치듯 햇살은
꿈꾸는 당신께 따뜻한 삶 나누기 위해
얼음의 계절 절망을 녹이는 존재인 것을

순백의 시절 때로 연인으로 오해 받지만
여름이 당신들만의 시절일 때면 온정은
한겨울 외로운 그대 뜨겁게 안았을 난로

외롭지 않은 거리서 늘 함께하는 만남이
아프지 않은 사랑 드리워 오롯이 우리는
그리운 사이로 마냥 따뜻한 연인인 것을

봄꽃
- 2013. 7.12

앉은자리 자유롭지 않은 시야
자정(自淨)의 아픔을 딛고 피어난 꽃

고샅길 몸부림에 응어리들이
언덕으로 쌓인 바람벽에서
홀로 헤쳐온 꿈들이 눈물로 각인돼
하늘 맞닿은 눈망울은
대지의 흐린 창 너머 낮은 길가
기다림에 꽃으로 활짝 핀다

초록의 잎들이 잠긴 적막한 시절
홀로 그리움 머문 갈망의 초원에
봄꽃이 피어난 소년의 용솟음 갈채는

끝내 이뤄야 할 꿈길에 서서 바라본
봄꽃은 궂은 날도 동행의 벗이다

아카시아 꽃밥

- 2013. 11. 3.

실업대란 새벽 인력시장 구직은 별 따기다
이때 떠오른 아카시아 어긋 잎 추억 따라

타향살이 노동의 사슬 풀어낸 가슴앓이는
작은집 부모 등골 마음 깊이 헤아린 자식
막장일 후회 없이 펼쳐내며 사랑 돋웠다

중년에 뒤돌아본 품위 꿈속 무서리 일어도
탈 없이 철든 내 자식 희소식 들릴 때면
천연의 사랑 자존감 막장에 희망 캐내었다

어린 양자 보릿고개 배골이 때 어버이는
아카시아 필 무렵 달콤한 꽃밥 지어 먹여
해마다 희망의 보릿고개 넘은 추억 그립다

곰바우와 소나무

-2013. 11. 3.

신선 구름 나들 피는 하늘 길가
칠선녀 못 넘겨보다 옷 훔쳐 내몰린 곰

수천 년 칠선계곡 거친 물살 속
사계절 여울 소리 짙게 새기며 뉘우쳐
동굴은 곰바우 되어 바로 않으니

바람 실린 소나무 언제 다가와 앉아
햇살 단정히 차려입고 밝은 하늘에 뜻
곧은 옛 야기 뿌리 나눔 풀어 줄 때

곰바우 털지 못한 무거운 짐
선바람 맞으며 날로 심신 가벼워진다

늪의 소리

-2014. 4. 1

태초부터 자연은 오직 내 주위가 하나님이다
때 마다 빛은 늪에 어울림의 소리 일깨우고
무릇 생명을 깨우쳐 스스로 천국의 기쁨 맞아
늘 해맑은 요정의 구슬 놀이로 화음 즐기는데

언젠가 일탈의 고동 소리 산자락 구비 돌면서
생각에 뿔 돋아 풍수지리 맥을 따 늪을 낳고
안식의 밤에는 창조 문화의 소란을 피워간다

어둠을 깨우치던 동공은 지배의 등불이 되어
바라본 곳에 돋움의 문명 담 쌓아 하늘 막고
이웃의 유전자를 변형시키는 창조자되어서
유일한 믿음 놀이는 천국에 늪으로 공생이다

말없이 자연에 아늑한 꿈 꾸던 주변 생명은
문화의 괴물에게 자연의 꿈을 잃어 가면서
조상의 태생 기억하지 못하는 별종의 자식은
괴성의 책무로 하나님의 유전자에 깊게 앉아

자기 자신 지키는 정아 우성 내림의 질서에서
자폐적 감각으로 태초의 혼돈에 빠져든 늪은
주위 자연은 어둠의 문명 치료에 몸살 난다

자식의 그리움

-2014. 1. 13

들녘에 이삭들이 금빛 옷 차려입을 때
모정의 보살핌에 고개 숙여 인사한다

시야의 격랑을 스스로 이겨낸 모정은
자식들 고난에 삶을 빌어온 당신께서
평생 하늘 우러러 금빛 옷 차려 입혔다

오롯이 자식일 수 밖에 없는 가슴앓이
살갑은 혼 빚은 금빛 열매 보듬으며
끝내 이별의 별로 서슴없이 환송하지만

이내 자식 마음 애뜻한 모정의 품으로
보이지 않는 깊은 그리움 속에 안긴다

매화의 춘심
-2014. 7. 10

기다린 봄날에 우수의 서릿바람 밀쳐내는
얼음 갈피에 묻힌 가지 끝 마른 꽃망울은

낮은 자리서 봄을 맞이하는 인내의 봄꽃이
지난 시절 온정*의 꿈 품던 꽃눈을 위해
거친 세파 이겨내 준 낙엽의 손사래에서
기쁨의 걸음마로 다가와 설레는 입맞춤은

매화의 춘심이 그리는 순수한 희망에서
지난가을 낙엽의 경사로운 발자취로
꽃봉오리 감미로운 춤사위 북돋아 줄 때
피어난 매화꽃이 바라본 백설의 세상 눈에

외로운 오빠 맞이한 낙엽에 화사한 꽃잎은
계절 벽 넘어 온정의 밀월여행 전송한다.

| 2부 |

붉게 핀 접시꽃

01 | 동이 내림의 서울은
02 | 산행의 정
03 | 들꽃처럼
04 | 낮달
05 | 자귀 나라의 연정
06 | 그리운 세상은 춤을 춘다
07 | 얼레지 꽃의 후원
08 | 꽃향유임을 찾는다
09 | 태극의 6월 하늘 아래
10 | 봄나들이 추억

11 | 수정 고드름의 단정
12 | 중천에서 해를 보다
13 | 천국의 꽃잠
14 | 삶의 순환길
15 | 거룩하신 임에 고별
16 | 사밀*2
17 | 길라잡이
18 | 붉게 핀 접시꽃
19 | 막장의 얼

동이 내림의 서울은
-2014. 7. 10

그리운 환의 등불 이어가는 동이의 여정
잇는 사연들 얼굴은 눈을 감고 입 다문 채
역사의 기념 목걸이에 잠긴 배달의 환승역

눈 덮인 한양성 이바지 수구문 차례와 같이
배달국 아사달의 성쇠지리 이어간 서울역
지키지 못한 요하에 동이의 홍산문화
영혼의 환승 외롭지 않게 변해가는 나들 역

명가의 바른 거리나 모로간 서울 골목이나
꿈이 핀 수도의 명성 시름의 향수는
함께 고난 받은 노숙들 내일을 바라보고
좌우 이어가는 새 역사 역의 광장 오른다

피할 수 없는 눈앞의 미완에 정신 태우고
내림의 환승역 동이의 고향 어울림 속에
환국에서 배달국 이어 환승의 서울역이다

산행의 정

-2014.10.23.

고향 큰집 후원의 정 찾아 오솔길 굽어보니
동심 훔친 바람이 길섶으로 나를 이끌고
머문 자리 변함없이 생강나무 꽃향기 반긴다

참나무 길 안볼 것 다 보는 겹눈 퇴화하고
더듬어 가도 날 수 있는 장수하늘소 반겨
영수 녀석 또래 녀석들 불러와 모두 즐겁다

지금 도시 삶에 찌든 숨 토하며 기어오르니
돋음의 체면 이룬 새들은 가벼이 오가며
샛바람 능선에 잠긴 초목들 깨우며 반긴다

들꽃처럼
—2015.1.17.

바람이 그리움으로 산책할 때면 들꽃은
산야에 높 낮은 꿈 담아 듣고
머문 자리 온정 나누며 꽃으로 핀다

하늘땅이 마주하며 희망 피울 때
그리움 찾아 갈길 트는 각색의 운명에서
흔들린 숨결로 피어난 들꽃의 당신은
머물다 여울진 속살의 향기로
나눔의 사랑 자아낸 희락의 꽃이다

고향이 멀어져 온 삶의 벼랑 끝에서도
굴곡 넘어 내림의 색채로 피어난 당신은
외진 데서도 바라볼 수 있는
여정의 쉼터 향수의 꽃이다

모진 계절 아스라한 혼절 때마다
푸른 초심으로 이겨낸 당신의 심성은
이르다 꽃씨 띄우는 기원의 별이다

낮달
−2015. 3. 4

어둠 밝히다 낮이면 중천에 떠오른 낮달
나의 꿈 부르는 소망의 얼굴이다

보릿고개 넘다 흩어진 성실한 가족들은
시간의 도시에 쫓기는 미로의 덫 헤치다
바라본 하늘에 날마다 떠올라 외로운
내 모습 살피는 여윈 낮달은

주린 배 감자 캐다 이랑에 자식 낳아서
기른 정 품은 사랑 깊은 부엌 보살님으로
단오놀이 유년 시절 감자 환갑날
모여 앉아 옹심이 빚어내 웃음꽃 피웠다

시나브로 소슬바람 젊음의 향기 훔칠때
늦은 귀향 한가위는 이내 시절 적시는데
설렘의 샛길 자정으로 떠오른 보름달은

잊힌 고향 길 밝히는 모정의 얼굴로
흩어진 가족 꿈 살피는 희망의 낮달이다

자귀 나라의 연정
−2015.7.20

기다림이 유유한 자귀나무 온정의 숨결로
한줄기 광란의 불꽃은 사그라지고
어둠 속 꿈의 여정은 소통의 빛이 되어
마주한 자귀 꽃봉오리 연정으로 피어난다

햇살 빚어 밝은 아침의 자귀나무 나라에
나비의 별빛 춤은 주홍의 꽃술 일궈내고
하늘빛 취한 잠자리 꽃술에 즈려 앉으려다
때아닌 율동의 전율 맴돌기를 저녁노을로

바람맞아 주홍의 꽃술 당신을 맞이할 때면
격동의 포옹 가녀린 품위는 꿈속의 떨림
시절의 감응에 차마 곧지 못한 꽃술의 춤은
유구한 대립 못다 한 사랑에 고혹의 춤으로

떠도는 꿈들 자귀 꽃 향취로 여정 멈추고
별빛 외로움 잎새로 하늘빛 슬픔 꽃술로
자귀할 때. 낮은 길 안개 무색해 어긋 잎에
여정의 갈등 평정되어 도탑게 아우러진다

그리운 세상은 춤을 춘다
-2015.7

주모의 방울채에 머물다 떨어진 비는
부딪침에 깨우쳐 영롱한 눈물 흘린다
별빛의 그리움이다

온 정신이 깨어나는 아픔에서
영롱하게 탄생한 눈물은 오갈 길을
세밀히 살피며 그리움 찾아 흘러간다

흐름이 새로운 탄생으로 다가올수록
깨우침에 넓이는 고요한 심해처럼
너울 빛 이는 심혼의 여정은 별빛이다

세상 살펴 가는 빛 바라기 해와 달처럼
머무는 때 밤낮 일깨우는 비의 눈물은
그리움에 세상은 사계절 춤추게 한다.

얼레지 꽃의 후원
-2015.10.31

하늘 언덕 은밀한 햇살 터에 정 깊게 앉아
첫 눈의 기쁨에 고아하게 피어난 봄꽃이
숲속 멧돼지 등골 헤집는 소리 아랑곳없이

슬픔 전설 아우르듯 푸른 얼룩의 두 잎은
간밤 머물다 간 선남선녀 꿈의 대화 새겨
낮이면 꽃잎 피고 밤이면 꿈길 기도하는
곧은 자태 자주 빛 향기가 너의 심상이다

밤새워 은하와 속삭이던 청조한 너 모습이
시샘 바람에 흔들려 상념에 얼룩진 마음은
저녁 뜰 노을 진 심신 애태워 못다 한 꿈에
후원의 기원은 씨알* 깍지를 위한 염원이다

머물다 간 밑자리 이슬 맞이도 없는 뿌리에
개화 시련의 무 자취 내림의 깊은 근심은
오롯이 너의 완숙한 삶 노심초사 고절이다

꽃향유 임을 찾는다

-2015. 10. 31

찬바람 오가는 나그네길 애타는 꽃향유
너를 맞이하여 나의 갈 길이 머문다

해는 변함없이 동서로 뜨고 지는데
꽃향유 바라보는 곳 소녀가 나들목에서
IMF 환란 때 길 잃은 아버지 찾듯 애탄다

언제나 기다리던 발자취 모여 꽃 피어나
행여 외로워 울을까 그리움 사열의 꽃향유
옛정에 상큼한 향기는 그의 임을 찾는다

오솔길에 능선 길에 나들목 둘레길에
우리 보살피는 임 그리는 내 마음 같구나

태극의 6월 하늘 아래
-2012.10.6

밝은 개벽의 홍익인간 8천 년 꿈들이 잠든
태극의 유월 하늘 아래 어둠 밖에서 밀려온
이념의 빛 동족상잔 죽음의 소용돌이쳤다

자유의 밤에 보이지 않던 고향 잃은 자식들
평화의 불빛 서슴없이 빼앗겨 뒤척이는 밤
밝은 아침 주체 잃은 분당들이 사선에서
혈육의 피로 낳은 영욕에 거제포로수용소

조선 이래 끊임없이 시달리는 배달의 당신
슬픈 애국자 어머니의 가슴앓이 그 넋은
외로이 외치고 울 밖에 낡은 이데올로기는
관념을 넘어 썰물의 역사 속 빠져나오는데

우린 조선의 환난 딛고도 동상이몽 사선에
비틀거리며 아직도 불협화음 동산에 갇혀
독백의 몸살은 주체없이 외세에 허덕인다

봄나들이 추억
-2016. 7.1

말없이 가버린 세월 속에서 마주 보는
노을에 그리움 띄워 놓고 파릇한 시절에
피어나는 여섯 처녀가 오늘의 만남이다

우리가 해마다 지나온 산 들길에 꽃이며
내 이름으로 부른 개나리 목련 진달래
제비꽃 냉이꽃 민들레 꽃의 향기가 되어

봄의 연정 전라 순천만 감미롭고 아늑한
아낙의 품 세월이 넘실대는 푸른 시절로
내 여정의 향기를 꽃비로 전하고 싶었다

어느 곳에 있어도 좋은 계절이지만 지금
태백의 황지 여고시절 본심 풀어 추억의
봄나들이가 늘 이 시절 우리의 꽃이었다

수정 고드름의 단정
−2016.3.26

세상 사는 일들이 소유의 욕심이라
추운 계절 하얀 솜털 눈이 온 누리 감쌀 때
걷잡을 수 없는 갈등이 부풀어 올랐다

하늘 우러러 빌어온 평화의 하얀 이불에
우월한 자들 평등의 은총은 단죄인가 보다
빼앗겨 절벽에 내몰린 약자의 원심의 눈물
수정 고드름이되어 사심에 일침을 고한다

햇살에 제 몸 깎는 공명의 수정 고드름은
나락으로 흐르는 생명에 갈증의 낙수로
혹한에 낮은 자리 무명으로 찾아가는 낙수
자애 베푸는 한낱 미물에 삶에도 광명인데

약자 노동 착취로 쌓은 욕심은 잉여의 누적
불화로 엮인 삶은 언제 멈출 수 있을는지

중천에서 해를 보다
-2016.7.1

여름날 아침의 볼일로 고성 동해면 찾아
도시 좌우 신호등 등쌀 지나 홀로 빗는 일
새벽 산자락 돌아 아늑한 포구에 이르렀다

바라본 수평선 언덕 생기 부른 바람 맞으며
희망찬 해가 눈부시게 일고 볼일 보기 전
해 품은 집 그리며 동해 해돋이를 맞이했다

지금 시름한 몸 창원 불모산 해돋이 능선에
찬바람에 애를 날리고 간절곶 언덕에 서서
기원의 아스라한 불빛 찬란하게 일으킨다

겨울 해돋이 시선 길에 불모산 동녘의 해는
서녘 동해면으로 지고 있는데 일찍이 담은
동녘 해 세모의 이내 중천에 여명으로 뜬다

천국의 꽃잠
-17. 3. 26

이기로 내딛는 검은 발자국의 아스팔트
아동이 머문 동산에 유희는 아스러지고
푸른 꿈의 날개는 미로의 공간에 갇혔다

꽃 피는 고향의 아침 길을 잃어가며
어울림에 일궈낸 빌딩 숲 꿈의 아파트는
나눔의 삶 잃은 공생의 먹이사슬 은신처

치솟는 누각에 초원의 날개는 타락되어
생이 오가는 걸음은 수직의 계단에 갇혀
자연이 펼치는 공존의 삶 끝내 잃어간다

벌새의 열정이 빚은 그대 우수한 낙화는
천국에 꽃잠이든 어두운 당신의 얼굴로
푸른 고무래 아름다움 끝내 보여드리리.

삶의 순환 길
- 2017. 1. 26

산다는 것은 심신의 공복을 위해서라고
끝없는 목마름은 주변 아리게 하는데
티 많은 물욕 부정이라 성자는 말한다

검인지의 식견 자는 천지의 밤낮 보고
우주의 이치 글로 담아낸다지만 그냥
자신의 길 행위능력의 소리 알지 못한다

우리는 천지의 자식으로 태어난 삶에
깨우침은 만물의 주인이라 자칭하지만
부모 속앓이 무시로 운명이 잡아먹힌다.

산들의 물가에 언제 와 본 일 비치듯이
자연의 검은 얼굴 순환의 삶 감응에서
햇살 감은 맑은 물길 내 얼굴 담아 간다.

거룩하신 임에 고별
-2023. 4. 25

일상 거칠은 삶이 아련하게 맞이할 때면
살아오신 고운 자태 감미로운 촉감 거친
피륙의 굽은 곡선에 내린 눈물이 애절한데

가슴속 담아둔 영롱한 추억마저 잃을 때
천연이 지식에게 오신 숨의 어머님 모습이
영안 그림자도 자식 눈물로 닦아 낼 것을

끝없이 바라본 순백의 아름다운 삶은
영생에 그 무엇과 비견할 수 없는 임으로
벗어나려는 외로운 삶의 계절 맞이하면서

임께서 흘리던 영롱한 눈물이 영생이라면
가시는 임 보살피신 은혜 마주한 고별이
임에게 전할 거룩한 여정이 영원한 것임을
자식 도리로 임종을 못본 애처로운 후회다

사밀*2
-2017. 3. 26

국화 꽃봉오리 열두 해 하늘빛 맞을 때
낮은 꽃가지 진흙탕 물에 휘말려 꺾이니
이 삶에 못다 핀 소녀 님 길에 못내 서서

계절의 전령 하늬바람 어여쁜 영혼 실어와
높새의 언덕 은밀한 햇살 터에서
임의 의지로 꽃 속에 꽃으로 핀 산수국
바라보는 무성화의 참꽃을 위해
곧고 청순한 자태로 온 누리 살피고
나비와 새들이 꽃 돌이하며 어우러질 때

누군가 바람의 길을 가다
꽃등 마루 좋은 자리 앉아
아름다운 임을 맞이할 때
그대는 임 위한 영원한 님의 향기이어라

사밀*:(좋은 자리 사. 보석 밀) 좋은 감정이 머무는 아름다운 곳이나 사계절 속에서 빛나는 어울림이 있을 때.(이 글은 우리 작은애 친구가 부모의 가정 환경 틈에서 이생을 못다한 소녀의 삶을 저세상의 명복을 비는 글)

길라잡이
-2018. 10. 25

부픈 꿈 안고 밝은 길로 가시는 당신
육 월 창밖에 네 잎 하얀 꽃이 세상 밝히듯
박달꽃 피는 시절 만나 반갑습니다

흰옷 입고 재세이화 길 거닐던 배달국
주역의 팔괘 태극의 나라 하도와 낙서
명성 잃은 남북 대치 살얼음판 이념 속

지금도 동서의 좁다란 이념 패권 길에
돌이킬 수 없는 상잔의 비극 겪을 때
미래 대변혁 우주의 가을 개벽 희망 찾아

열심히 그리운 봄꽃의 인사 나눠야 할 때
강국 믿고 속고 쳐들어 올 때 망향 길에
평화의 가로등 대비 사방에 광명 밝히자

붉게 핀 접시꽃

-2017. 10 22

푸른 언덕 울담 집 후문 목 내어 핀 접시꽃
자식 학교 길 바라본 어머니 슬픈 눈물에
곁에 피어난 접시꽃 마음 붉게 피어난다

담장에 소담스런 매화꽃 님 떠나 시들고
때 늦은 축산 사료 폭등에 송아지 울음
농부의 십년 한숨 강산에 잠긴지 오래다

동서의 울 밖 곧은 소나무 너머 핀 노을은
언덕길 밤꽃 향기 외로운 손들 다독이며
뜰안 보리수나무 열매 주점부리 간곳없다

공부 간 자식 생각에 후문 어머니는 그때
빚더미 압류 경매장 받아 들고 주저앉아
흘린 피눈물이 붉은 접시꽃에 배였나 보다

막장의 얼
-2017. 7. 6

어둠에 막장 침묵의 벽에 갇힌 시인*時人은
바람의 *갑시다
자유 잃은 곡괭이 삽질은 인내의 얼 캐는 소리
혹한 밤 거푸집에서 육신의 마디마다 혼절 곳은

하얀 눈에 새벽 살얼음 파고드는 통증 견디며
아련하게 피어나는 복수초 노란 꽃잎처럼
몽환적 시간 달래며 자존감 살리는 꿈의 노래였다

시간이 죽지 않아
현란한 노동의 긴 고통에 떨어지고
어둠의 끝자락 심신이 널브러진 고요 속
무명의 영롱한 물방울 소리는
나의 귀갓길 깨우는 별이었다
마치 내 젊음의 부침 길 바라기였을 때처럼
움직일 수 없는 외로움을 일으켜 세웠다

지난 청송 지하 양수발전소 건설 막장에서
햇살 그리며 삶의 땀방울 솟아낸 얼굴은
구심력 맴도는 *양수 낙차의 힘이

어두운 삶의 빛이 되듯 고난 때 심신 돋우며
내일 바라보던 외로움이 오늘 살아가는
기쁨의 얼굴에 시인*時人의 모정이었다

3부 |

어머니의 하얀 발자국

01 | 장미의 꿈
02 | 국화꽃의 영혼으로
03 | 첫눈의 회상
04 | 안전은 삶의 꽃 길
05 | 도시 하청의 일몰
06 | 삼일절의 봄꽃은 핀다
07 | 내 고향 오재울 마을
08 | 선풍기와 나
09 | 어머니의 하얀 발자국
10 | 나비 바늘꽃의 연정
11 | 향기 잃어 담아낸 자태는
12 | 봄 잉태
13 | 무직의 가난 존심의 배반자
14 | 여름의 전설
15 | 봄 길
16 | 독도는 안다
17 | 남천 남면로 일상에서
18 | 동박새 그리움 찾아서
19 | 정취암 기행기
20 | 전주 역사를 보다

장미의 꿈
-2017. 10. 22

그리운 담장 오월에 꽃향기 싱그러움은
푸른 잎이 장미꽃 받든 소년 맞이 정겨움
모진 풍파 이겨낸 가시넝쿨에 봄꽃이다

떠도는 풍운아야 짓궂게 흔들지 마라
햇살 품은 그대는 운명의 행운아인 것을
행여 애꿎은 사랑으로 외로움에 갇힌다

머문 자리 세월 속에 쏟아낸 가시넝쿨
사연 담아 아름답게 피어나는 장미꽃은
말할 수 없는 속내의 믿음 향기 피운다

꽃은 자신이 아름다울 때를 알기에
하얀 꽃. 노란 꽃. 붉은 꽃의 열정으로
당신이 품어온 꿈처럼 활짝 피어난다

국화꽃의 영혼으로
-2018. 1. 2

꿈속 혼탁한 주변 초연하게 피어난 꽃은
세파에 물든 선홍 빛 꽃잎 하염없이 꺾여
창조의 오는 세월 속 영혼의 마음 심는다

바람 따라 흔들리며 낮빛 따라 영근 초야
밤이 더해 갈수록 부끄러운 마음 되어
푸른 하늘 우러르며 초로의 눈물 흘린다.

마음 넓은 하늘이 모든 것을 포용할수록
꽃은 보호막 우리 갇힌 당신의 품에서
부족함을 깨달은 순간 급히 과실 벗는다.

지난 여정 혼잡한 자세 해갈이로 깨우고
당신의 청정한 마음에 안기던 영혼 깨워
모두 바라보는 국화꽃의 삶으로 살리라

첫눈의 회상

−2018.1.25

네온 빛 반짝이는 빌딩 숲 각층 된바람이
어른 되어 갈수록 꿈이 작아진 창가에
고향 첫눈 맞은 놀이터 둔덕 소년 즐겁다

간밤에 내린 함박눈은 모난 것 덮어주고
처진 것 북돋워 아침 햇살 눈부신 길로
바라본 언덕 아지랑이 봄 길 펼쳐 보인다

지금 밤낮의 일상에 삶의 슬픔 발길에서
시름에 굳어 시린 눈망울 애처로움이
하얀 눈꽃 빛 따스함에 홀연히 안긴다

해마다 첫눈 은혜로운 영생 길 빛쳐주며
젊은 초상 도시 발자국에 되새긴 고향
소년의 눈동자 설국 능선 환희에 잠긴다

안전은 삶의 꽃 길
−2018. 3. 25

안전하다는 것은 심신이 자유로움에서
무엇이든 할 수 있는 꿈의 세상이지만
사고는 심신 다쳐 빛과 그림자 관계다

우리는 일상 자체가 사고 위험에 처해
설마 하다 방심한 안전은 예정이 없고
사고는 예정이 있다고 인식이 바뀐다.

내 살아온 삶 되새겨 볼 때 1년에 몇 번
평생 수십 번 사고 당하고 죽을 고비도
5할 넘는 심한 고통 느끼며 되풀이 산다

이는 사람이 망각의 존재이기 때문에
일상 지키지 못한 안전 이루지 못한 꿈
늘 안전은 모두 실천 습관화의 삶이다

도시 하청의 일몰

-2018. 7 11

믿음의 해는 어둠에 생명 밝게 북돋우고
밤이 되어서는 도시 바다의 별이 된다

밤낮 어둠의 바다 도시 빌딩 숲 일터
하청 노동 작업 전등에 매여 굽은 등골은
일몰을 맞는 평온한 산등성이가 정겹다

진실이 깨어나는 희망찬 일출은 잃고서
자연 훔쳐낸 도심 혼잡한 빌딩 숲 일터
해가 돌보지 못하는 원청 방어벽에 갇혀

해는 하루의 일몰 편안히 이끌어가지만
점멸등 다루는 사장은 만물의 주인으로
하청 하루 노동의 불균형 품삯 왜 모를까

삼일절의 봄꽃은 핀다
- 3·1절 휘날리는 태극기

나 부르는 소리 우리 깨우는 소리 들린다

야만스러운 일본 제국주의 핍박에
남녀노소 계층 없이 떨쳐 일어나
태극기 휘날리다 짓밟힌 부모 형제의 넋
해방의 3·1절은 자유 잃은 꽃씨 심었다

상고사 잃고 당리당략 묶인 망조의 나라
제국주의 열강들의 야욕에 휘말리다
가쓰라-태프트 밀약*에 잡아먹힌 36년
순국선열 저항의 넋은 영원한 새싹이다

지금도 절규하던 3·1운동 만세 소리
총칼 앞 양손 추어올려 휘날리던 태극기
지금도 열강의 틈새 남북 평화통일 외치는

거룩하게 이어갈 3·1정신의 만세 소리
태극기 자유롭게 휘날리는 집마다
가신 임 길에 피어난 봄꽃을 길이 새긴다

*가쓰라-태프트 밀약: 1905년 7월 29일 도쿄에서 미국과 일본이 필리핀과
대한제국에 대한 두 열강이 서로의 지배를 인정한 밀약이다

내 고향 오재울 마을

- 2018. 10. 25

산등성이 둘러싸인 오재울* 내 마음에
망향의 추억 가까이 다가와 다시 떠나고
또 보면 화전 밭 지나 산등성이마다
소년이 꽃길 찾아 울안 5재를 오고 간다

타향살이 눈 감으면 다가온 고향 오재울
앞산 햇살 그리움 타는 용둔재 아지랑이
벚꽃재 응달 꽃봉 찾아 입맞춤 분주하다

해오름 뒷산 영영재 올라 국사봉 샘터에
버들강아지 살랑바람에 담소에 마주 누워
햇살 타는 은빛 물결 제모습 마냥 즐겁고
돌아누운 금빛 물결 참꽃 밭에 소년소녀
마주본 꽃모습 황홀해 수줍음 흠뻑 취한다

늦봄 남녘 성재골 양지 순영이네 보리밭
해거름에 내기바람만 불어닥치던 가뭄에
내 떠나온 그해 이민 간 예쁜 소녀 지금도
국민학교 길 책보매고 오가던 때가 그립다

*오재울: 산등성 5재 둘러싸인 고향 마을

선풍기와 나
- 2018. 10. 25

오붓이 기다리면서
꿈꾸는 가정 땀 흘려 꽃피우는 나
반갑게 맞으며
신선한 바람으로 감싸안는다.

때로 열정적인 일로 몸겨누울 때면
겸손한 자세로 몸을 낮춰
바라본 마음의 꽃향기 담아와
위로의 나 깨우고

갈 길 잃어 삶의 진실 찾아 헤매면
가는 길 초원의 언덕 가리키며
땀 흘려 온 고비의 색바람으로
황홀하게 춤추며 나를 부른다

이 시절 끝나 찬바람 불면
돌보지 못해 미안한 얼굴 가리고
바람으로 떠나지 않는 너
외롭지 않은 나의 꿈

어머니의 하얀 발자국
—2018. 10. 25

당신 잃은 빈자리 인연으로 홀로 남아
터전 없이 모진 풍파 견뎌내는 날갯짓
변하지 않는 숫대의 곧은 희망이 있다

논밭 길 짓밟혀도 끝내 피어난 냉이꽃처럼
청춘에 낭군 잃고 심신이 무너져도
자식 위해 꺼져가는 영혼의 맥박 북돋우고
일어나 가야 하는 어머니의 꿈길이었다

때때로 호젓한 개울목 윤슬에 발 감아
담아내는 잔물결에 어둠 지새우다
바라보는 여명이 찬란하게 이는 것은
뿌리 곧은 서낭당 할미바위에 공손하고
논밭 길 오간 어머니의 하얀 발자국이다

끝내 고독의 눈물 보이지 않고
아비 없는 자식 소리 듣기 싫어
늘 이웃에 "훌륭하게 자란다" 하고
어둠에 자식의 별이 된. 그리운 어머니

나비 바늘꽃의 연정

– 2019. 1. 23

한여름 바쁜 길 폭염에 지쳐 무심히 걷는데
오솔길 옆 *나비 바늘꽃 톡톡 발길 잡는다

머문 곳 달라도 인연의 만남 심쿵한 연정
나비 바늘꽃 꽃봉오리 마주한 연분홍 미소
화려하게 피어나 애잔하게 춤을 추어
순수해진 내 맘 신선 바람 타고 꽃동산 올라
흰나비 분홍 나비 어울려 낭만의 꿈 속인데

우리 어디서 헤어져 다시 만났을까
가녀린 너의 맵시 아련히 더듬어 보니
밝게 가시는 임 혜진 발걸음 가볍게 기워 준

팔천 년 백의 사랑 나비 바늘꽃 꽃노래 피어
외로움 돌이킬 수 없어 인연의 끈 부여잡고
환희의 바람 멎을까 사랑의 정표 새긴다

이 시절 지나 율동의 춤 멈추면 꽃님은
떨어지는 꽃잎 나비 영혼으로 날아가도
언젠가 꽃 피는 계절 다시 만남 소연한데
"가시는 임 우러러본 나를 다시 만나요"
그 시절 부른 노래 잊지 않고 만나기를~

향기 잃어 담아낸 자태
-2019 1. 23

넓은 들에서 온유한 품격으로 살아가다
홀로 강한 비바람에 꺾여 일어날 수 없다면
어둠은 생기 없는 곳을 바라보기에
누구나 자유로운 삶이 만만치는 않다

바라보는 햇빛은 어둠 헤는 곳에 있어
거친 환경 속에서도 살포시 모여 살며
온화하고 마음 따뜻한 사랑으로
핑크빛 삶 누리는 것이 진정 행복일 수 있다.

멀리서 바라보며 누리는 핑크 물리 황홀함에
가까이 마주 본 온정의 유혹에서
스쳐 가는 찬바람도 따뜻하게 사로잡혀
거부할 수 없는 몽환적 그윽함에 안긴다

홀로 비바람에 꺾이면 일어날 수 없는 너
어울려 따뜻하게 피어난 핑크빛의 황홀함처럼
아프게 다가와 향기 잃어 담아낸 자태는
먼 그리움 속에 다가와 풍기는 후후함이다

봄 잉태

-2019. 6 23

하늘땅 정겨워 산들 내음 풍길 때
해토머리 꿈틀꿈틀 청둥오리 날갯짓
들뜨는 봄바람 꽃샘추위 날리고

햇살 품은 물억새의 곧은 꽃대들
시린 습지 북돋워 아지랑이 피워내며
꿈 뜨는 강변 싱그러운 새싹 낳는다

향수 바람 피어나는 은근한 그리움 속
나들이 향기로운 새싹 찾아 꽃대 숲 앉아
설부화용 비치 모자 옹기종기 피우며

아이는 동심 심고 어른은 추억 캐듯
부모는 할머니 할아버지 봄바람 일으켜
굽어가는 그리운 임 반달 미소 띄운다

*해토머리 : 얼었던 땅이 녹아서 풀릴 때
*설부화용: 흰눈의 살과 꽃처럼 고운 얼굴

무직의 가난 존심의 배반자
-2019. 6. 26

일상생활 그려내지 못한 무직의 가난은
습관화된 편견에 자존심이 갇혀
가족이 처한 울부짖는 비판의 두려움이다

대책 없는 심신의 나태는 자존심의 배반자
주변머리 내모는 메마른 가족의 눈총은
머무름에 발목 잡힌 가난 속 알부랑자
게으른 정신 시린 마음 꿈의 부시 불 켜라
어둠 속 새싹들에 햇빛 공원의 가로등이다

폭풍에 휩쓸려 배수구 철장 덮개 갇혀서
돋아난 꽃봉오리 발길 짓밟혀 목이 휘어도
끝내 하얀 꽃피워낸 이름 모를 꽃을 보라
그대의 삶은 오롯이 순수한 열정이었나

무직의 가난은 색안경 속 현재 가치
막다른 길 빛 잃은 그대 온정의 희망 찾아
일터 내딛는 발길 설레는 존심은 열정이다

여름의 전설

— 2019. 10. 10

푸른 꿈들이 모여 서로 마주하는데
.바라는 이치가 맞아 풍요의 빈자리가 없고
선의의 경쟁 속 여유를 주지 않는다

하나의 높푸른 진실로 소통이 막혀
하늘은 다양하게 펼친 길을 살필 수가 없어
천둥 소나기로 호통치며 희망의 숲을
푸른 벽에 낮은 틈새로 넓은 희망 내준다

들녘 꽃향기 피워 벌들 마실 다니지만
유월 장미는 사랑이 슬퍼 가시 굳세어가고
늘 가까이 외진 자태로 피어난 꽃마리는
다가서면 예쁜 미소 아기 부처 마음 핀 듯이

근심 배려하면 모두 꿈이 넘치는 행복이라
여름의 전설은 어둠 모르는 푸른 진실처럼
맑은 실현 넘실대 풍요한 바다의 영원이다

봄 길

- 2019. 10. 10

후원의 꿈 찾아 바라보는 갈망의 차오름 길
아득히 높은 참나무 바라보는 우듬지는
소년에 노란 손 흔들며 청정한 하늘 보인다

뒷산 기슭 잿빛 바위 밭 칡넝쿨 속 새싹 머리
흔들리지 않는 순수한 마음 길 곧은 자취로
여름마다 잿빛 밭에 보라꽃의 축제를 피우고

앞산 기다리던 햇살에 잎새 초록빛 윤슬처럼
꿈 따라 담아내는 삶의 윤슬 아름답게 빛듯
봄은 순결해서 외로움 꿈도 늘 들뜨게 한다

설레던 수학여행 다시 찾은 불국사 오솔길
신성한 겹벚꽃 봄비에 휘날린 연분홍 꽃잎은
변함없이 꿈 뜨는 새싹들 따뜻하게 보듬는다

독도는 안다

– 2020.1.30

해 등지고 요현한 두 빛 다가온 욱일기 앞에
휘날리는 태극기 품고 한점 흔들림 없이
한반도 동해 지키는 늠름한 독도 자랑스럽다

우리나라 최초 국가지질공원 역사는 말한다
신라 지증왕 때 이사부 독도 대마도 정벌로
독도 우리 땅이라고 하늘 맑으면 무릉도에서

독도가 보인다는 조상님들의 일상에 역사
무릉도의 동생 독도는 우리땅이라고~~
동도 이사부 길 열고 서도 안용복 길 확인한
대한민국 지리의 막내 독도는 우리 땅이다

조선 숙종 때 장한상 울릉도 사적 동진 삼백
여 리(울릉도 동남쪽 87.4km) 맑은 날이면
보았다고 명시한 막내 독도는 우리땅이다

남천 남면로 일상에서

- 2020. 1. 30

세상일에 바라본 주장들이 틀렸을 때도
햇빛 어린 남천 달빛 계절의 밀썰물 서려
평정의 진실은 평온한 마음 온정 움튼다

일상의 푸른 벽에서 튀어나와 주어진 일과
삶의 희망은 늘 아름답다는 부처의 고뇌
웅산 푸른 곰이 숲을 나와 남천 끝머리에서
이상의 새벽 포효 숨죽여 앉아 기운 내듯

새벽 해오라기가 흐르는 물길에 발 내딛는
상념이 차 평화로운 웅비의 아침 맞을 때
내 안식의* 일상도 아침저녁 서녘 20여 리
남천 남면로 태광 빛에 등골이 굴하지 않고

구불길 비탈진 곳 맥문동 분꽃 나팔꽃 피듯
때로는 안식이 종 울리면 서낭당 촛불 켜고
무릎 꿇어 찾아내 일상의 의식 되살려낸다

*안식(眼識) : 사물의 좋고 나쁨이나 가치의
높고 낮음을 구별할 수 있는 안목과 식견

동박새 그리움 찾아서
- 2020. 4. 23

첫눈 소르르 내린 그윽한 밤 동백나무 잎새
임 그리는 동박새 주체없는 진홍빛 사랑에
이내 빗은 은빛결 따라 동백꽃 찾아 나섰다

하얀 눈결 뒤덮인 임이 머문 아픔 삶 도시
홀로 고향 끌려나온 생채기는 슬픔 더하고
임 찾는 애달진 마음 동박새 동백꽃 그립다

빌딩 숲 보이지 않는 미로의 화단 시선 길
나날이 햇살 그림자 길게 드리워져 갈수록
임 찾아 맴돈 사랑의 이정표 헤아릴 수 없고

주어진 시간 속 만남의 꿈 어둠으로 떨어져
잊을 수 없는 사랑의 옛 향수 외로이 젖어
애탄 마음 진홍빛의 심장은 어둠 속 묻힐까

변치 않는 사랑의 발자취 하늘에 새겨 놓고
끝내 아픔 이겨낸 평온한 마음 사랑 결의로
못내 진홍빛 동백꽃 하얀 시간 깨워 찾는다

정취암 기행기

-2020. 4. 25

12 승차 굽이 길 좌우 흔들리는 내부 중심
시선에 스치는 오뚝이 정신 올곧아진 우정
내다본 길 차오르니 꽃들 반겨 웃음 짓고
선바람 인사 신선해 금세 단풍놀이 춤사위
시와 늪 문학기행 산청 자연 풍경 속으로

대성산 중턱 한걸음 오금이 저린 기암절벽
산신에 안긴 의상 정취암 트인 천상의 풍경
원통보전 연꽃 불상 늘 양감의 미소 띠우고
쌍 거북이 가는 길에 한 가지 소원성취는
구름 아래 외길의 삶 끝없는 깨달음의 축복
굽어보는 *삼성의 자비 탁한 마음 씻어내고

산사 어울리는 고목과 연꽃 소울한 자태는
푸른 나무 벼락 맞고 엎둥이 연꽃 참 고와라
우리 돌아갈 길 다르나 담은 정취 정겹고
해거름 따라 물드는 산과 들에 꽃단풍
갈바람 타는 낙엽 푸른 기억 찾아 물가에

전주 역사를 보다

나라의 통치는 유구한 샘물이 흘러갈수록
어둡고 낮은 곳에 자신의 밝은 빛을 비추어
혼탁한 물 정화시키는 바다 같은 마음이다

고려 말 부패한 탄관오리 나라가 혼탁해져
왜구 침탈은 군 출병이 잦아 떨어진 사기는
개경 길 전주 오목대에서 태조 이성계가
태풍가 부르며 개국의 야심에 결의 품였다

1388년 불협의 2차 요동 정벌도 4불가론에
위화도 회군 강행은 고려 우왕과 최영 장군
몰아낸 개국 조선은 상고사 유구한 역사책을
백성 죽여가며 불태운 일은 정통성을 잃었다

밝은 통치 저버린 후 일제 침략의 을사조약
1905년 조선통감부 폐쇄령에 풍남문만 남고
주체 잃어 3 대문 철거. 개국 결의 한탄이다

4부 |

이상의 바다 위에서

01 | 코로나 19 바이러스
02 | 아침의 여정
03 | 도가 샘터의 추억
04 | 아이야 일어 나가자
05 | 이상의 바다 위에서
06 | 바람이 전하는 말
07 | 신발의 기쁨
08 | 선걸음의 미투리
09 | 백두대간 봄꽃 나들이
10 | 홍매화의 연정

11 | 봄날의 초상화
12 | 우리의 봄 뜰
13 | 잔소리와 뿔따구
14 | 얼레지 꽃의 고절
15 | 자연의 삶을 담자
16 | 톱(鋸)의 애절한 선율
17 | 봉암수원지 와 백암지
18 | 후투티
19 | 봄의 정서
20 | 청라언덕 혼연의 솔밭길

코로나19 바이러스

-2020. 7. 23

얼굴의 눈코입귀 감성으로 사는 우리에게
보이지 않는 작은 바이러스는
세상 사는 맛을 모르고 감정의 말도 못 해
밤낮 우리 몸 기웃거려 통점 찾아 침투한다

야들은 얼굴 없어 세상 어둠 속 숨어 살며
우리 보배로운 눈빛과 대화의 향기 시샘해
가까이하면 저주의 *비말 일으켜
감성의 눈코입귀 등에 감염의 고통 일으킨다

우리가 야들 침입 알았을 때는 이미 늦었다
감기 증상으로 나타나 죽음의 문턱에서
사랑하는 가족도 만남을 이간시켜
죽기 살기로 사회치료 격리자로 만든다

아마도 태초 친구 사이에 제삼자가 끼어
편향적 *사기로 사람과 바이러스가 되면서
타심에 귀가멀어 앙금 풀지 못한 곡절로
살아 만나 선 안 될 각자의 방패로 안녕을~~

아침의 여정
-2020. 7. 23

외진 쉼터 바라볼 수 없는 그늘진 작은 잎새
아침의 눈물에 영롱한 빛이 따뜻하게 안기듯
바라보는 길은 하루의 시간에 갇혀서도
순간순간의 간절한 기다림으로 빛을 입고
긴 걸음걸이는 연일 노을이 짙게 익어가면서
벗어나려는 몸부림의 무게를 가볍게 한다

간절한 지성이 심야 솟구친 북두의 별이 듯
달빛 속 홀로 외롭지 않게 부는 바람맞으며
밝은 하늘에 꽃피우려는 나만의 꿈은
세상의 샘물이 누구라도 갈증 풀어내듯
거친 환경 아름답게 가꾸는 세상의 빛이 되어
새벽 안갯속에서도 어울림의 빛을 이뤄낸다

도가 샘터의 추억
-2020. 10. 23

무학산 좌측 날개 봉화산 끝자락 근주마을
아이들 뛰놀던 당산나무 둔덕 아래
나눔의 도가 샘터 전설 꽃이 피어나고
바라본 환주산 천지인 섬긴 옥돌 사이로
햇빛 타는 맑은소리 어린 마음 밝혔다

시골 보금자리 도시로 변해가는 틈바구니
새벽 고가철도 남행 열차 기적에 잠 깰 때
반월산 효색 빛은 동백잎 울타리 사이로
서마산시장 상인들 단칸방 꿈을 밝히며
도가 샘터 어스름한 때 하루 피로 씻었다

지금 석전(근주)동 메트로 아파트 울안에
옛 골목 어머니 부름 소리 추억의 정취는
도가 샘터 맑은 분수 아동의 향연 펼치고
자리 비킨 당산나무 터 이식 초목들 빛 담아
사계절 어우러져 형형색색 꽃을 피워내는
알알이 맺은 열매 입주자마다 추억 익는다

아이야 일어 나가자
-2020. 10. 23

아지랑이 모여 사는 봄 길
초노룩 새싹 기쁨을 일깨우니
가려진 눈앞 꽃봉오리 피어난다
아이야 일어 나가자 산들에 꽃놀이하자

버들잎 마주 보는 냇가
냇물이 좌우 소리 내 두드리니
가려진 귓가 풍덩대며 춤춘다
아이야 일어 나가자 냇가 물놀이하자
2.
갈매 피는 어울림의 동산
초록 잎 나뭇가지 새들이 노래하니
가려진 말소리 고운 소리 일어난다
아이야 일어 나가자 동산에 참소리 하자

걸음걸이 빛을 향해 함께라면 좋은 길
신바람 일어나 푸른 물 반짝이니
가려진 마음에 희망의 꿈 일어난다
아이야 일어 나가자 꿈의 파도 타보자

이상의 바다 위에서
-2021. 7. 20

푸른 꿈들이 나누는 이야기들이 쉼 없이
서로를 감싸며 희망의 선 긋는다

흑백의 꿈들이 어울리며 펼친 뒤풀이가
갈등이 부서지며 반기는 서로의 꿈
바라본 시선에 반짝이는 몽돌의 향연은
달빛 물결이 오갈 때마다 오색이 핀다

밤새워 먼발치 새벽길 연하게 드러내자
햇살 감기는 주상절리 언덕의 집 가새

믿음이 순수한 마음에서 이뤄낸 이상이
눈물의 바다 위에 온정의 빛 감돌아 일고
우듬지 새싹 봄바람 맞아 하늘에서 춤춘다.

바람이 전하는 말

-2021. 7. 20

누구에게나 바람이 흔들어 묻는다
그대 어디서 와 무엇을 하려는가
열정이 발목 잡혀 잠 못 이루는 밤인지
오가는 길엔 사계절 꿈이 왜 피는 가를--

어둠에 새싹은 싱그러운 꿈 펼쳐주지만
세상 다잡으며 산과 호수에 피어난 창포
아름다운 열매는 모두의 즐거움이 되지만
언론의 일상 거짓은 대중에 어둠길이다

누구에게나 바람은 깨우쳐 말한다
빛과 어둠의 길을 우리에게 전하면서
어둠을 끝내 이겨내면 그것이 행운이지만
빛에서 꽃피우지 못하면 결실은 없다고

우리가 자유를 맞이할 때는
바람이 전하는 말에 솔직한 풀잎처럼
명암의 사계절 변화 무쌍한 물의 길처럼
스스로 겪어내야 마음의 바다 이룬다고

신발의 기쁨

- 2021. 10. 23

나는 새 신으로 태어나자 가족을 모른다
길가 나란히 앉아 오랜 기다림 속 오가는
길손 바라보며 일생 같이할 인연 살핀다
.
당신 축복의 날 순간의 선택에서
우리 만남 이루어 뛸 듯이 기쁨에 벅차
이제 밝고 어둠길 마다 않고 가족 그리워
함께할 연인 받들어 영원한 동행 꿈꾼다.

힘겨운 사회단체 생활 속에서
윤리와 질서에 따른 자유의 길 행하지만
가족의 평화와 안정이 깃든 집 봉당에
신발이 나름대로 흩어져 있어도 정겹다

휴일 내 집 기쁜 마음 디딤돌 신 벗을 때
어린 신이 기쁨에 차 날아가듯 벗은 신
부모의 신 허리춤에 우리 형제들 신이
자유롭게 눕고 앉은 아기 신 은혜로워 좋다

선걸음의 미투리
-2022. 2. 3

석양 갈무리 동녘의 그림자를 감쌀 때
희망 찾아가던 산들의 길에 발자취는
너와 나 부름 따라 이루어가는 결실로
아침의 사연을 펼치는 우리의 일상에

해와 달빛 품은 선자의 높 낮은 발자취
여울 소리 내 맘 적시며 꿈을 피우고
고운 님 바람은 밤낮으로 우리 깨운다
.
등정에 오를 때 반기던 꽃들의 향연이
솔바람 맞으며 꽃단풍 여름을 재우는데
나날이 내디뎌 이뤄낸 우리의 열성이
바라본 꿈들 차오른 환희의 섬 마루에

모두가 반기며 찾아온 노을 진 다락은
꿈의 여행 하루의 행복이 찻잔에 필 때
우리의 삶 선걸음 미투리 여운이 짙다

백두대간 봄꽃 나들이

- 2022. 4. 27

밝은 햇살 봄나들이 굽어볼 때
단군의 골진 개천가 홍익 꿈들이 일어나
하늘땅이 어울리는 향연 바라보며
박달나무 곁에서 희망 노래 부른다

훈풍이 서로의 나눔 감싸안을 때
바라보는 평행선은 늘 하루의 귀갓길
동서 훈훈하면 남북이 제세하여
백록담과 천지의 전율은 우리 마음이다

우리 역사의 그늘진 뒤안길에
꽃샘추위 휘몰아칠 때마다
욱일기의 시류에 꺾인 아픔 함께 못하고
일제가 가꿔온 연리목 뒤 그들이 숨었는데

우리 맑은 마음에 이화의 봄빛 스며들면
백두대간 나들이 골진 개천가 꽃놀이는
호롱 빛 아스라이 지고 가로등 휘황 빛에서
무릇 아름드리 벚나무 그늘도 굽어본다

홍매화의 연정
-2022. 2. 27

님 향한 봄바람 휘몰아올 때
기다리던 기쁨에 설레는 매화는
애절한 마음이 여명 빛에 꽃망울 돋우고

어둠 속 혹한 바람에 등골이 휘어지고
폭설이 온 누리 뒤덮였을 아련한 때도
갈등의 바람 이겨낸 당신의 소식에
아린 마음에 붉은 선혈 솟구치는 홍매화

앉은자리 고난 이겨내며 다가온
당신의 간절한 숨결 은근히 맞이할 때
홍매는 꽃잎 간지러워 웃음꽃 활짝 피웠다

봄날의 초상화
- 2022. 2. 27

매화 꽃나무 화려한 꽃가지 아치 아래
나의 초상화를 그리던 날
꿈을 이룬 매화꽃은 하늘에 안기고
온정의 바람은 꽃잎 휘날리는데

화판의 심판대 앉아 새겨지는 초상화
보이지 않는 삶의 명암 길에
꽃 피며 돋는 향수 내면의 운치이며
꽃 펴도 외면하는 불행의 연치일까

삶의 화단에 피지 않는 꽃은 없다
사계절 속에 피어나는 꽃의 다른 모습들
모진 풍파 이겨낸 내면의 꽃일수록
우리에게 다가와 행운을 준다.

화판 대 뒤편 앉아 바람맞은 얼굴에
정든 누이처럼 홍매화 끝내 마주할 때
바라본 초상화 일면 불청객은 아닌 듯
나의 초상화 영혼은 누구에게 명암일까

우리의 봄 뜰
-2022. 7. 20

낙동강 청둥오리 한 쌍 그리움 반기며
정겹게 봄볕 타고 창공에 오르고
봄비 떠난 해시계공원 아지랑이 춤춘다

혹한에 흔들리던 연자 길 수양버들은
늘 품은 햇살에 봄꽃 향수 어우러질 때

상춘객 헤쳐온 코로나19 여운 달래며
잦은 봄비로 간드러진 새싹에 취한다

어머니 회심의 봄 내음 들판에 미소로
심신 돋우는 달래와 흰 초록 쑥 뜯으며
환웅의 자연 건강 재세이화에 안긴다

잔소리와 뿔따구
-2023. 1. 22

바라는 말들이 뿔따구로 다가온다
자신만의 고집으로 깎아내리며
늘 와닿는 언행들이 공포로 변해 멍때린다
친구처럼 대하는 잔소리와 달리
수없는 생활공간에서 반감 이는 언행이
대하기 싫은 벽이 되어 누망마저 잃는다

햇볕의 바람은 늘 공명한 내림으로
초록빛 새벽 잎새 아스라이 스쳐도
새싹은 해맑은 정감으로 담아낸다
바람은 정신 나간 언행이 전해올 때마다
밤낮 어머니 정감 어린 공명 되새기며
반감 이는 언행들 살고 싶도록 달래본다

얼레지 꽃의 고절
-2023.3월

아스라한 꿈 돋워 고난으로 피어난 꽃을
누가 응달 꽃을 "바람난 여인"이라 했는가

고도에 봄바람 맞이할 때 얼룩의 두 잎에
봄 타는 선남선녀 꿈의 대화 서리어 있고
흐트러진 음지에 피어나 밤이면 꽃잎 접어

어둠 헤는 임을 위해 세상 향해 기도하고
낮이면 꽃잎 펴서 길손들 밝게 북돋우는
얼레지 꽃 당신은 자비의 고절한 삶이다

아침 햇살 그리움으로 피어난 그대 모습이
순결의 삶 하나의 꽃대로 이겨낸 우듬지
꽃 지며 이룬 씨앗 깍지 삼합장* 기원이다

*삼합장: 씨알 깍지가 손바닥 모서리 이은
삼면 모습은 천지인을 위해 기도인 듯하다

자연의 삶을 담자
-2023. 7. 25

일상 벽들이 엎친 데 덮친 데 식으로
다가와 숨이 막히도록 쪼여온다

생활의 육신 짓눌려 정신 잡아 먹히고
쓰러져 고독한 자만 끝없이 끌어낸다

현실의 얽매인 틀에서 거슬리는
어긋난 관습에 벗어나 자연의 삶 담자

자연은 다가갈수록 나를 반기고
해와 달은 바라만 봐도 어둠 밝혀준다

자연으로 향하는 정신 영원한 자유로
억압된 감정 풀어주는 나눔의 동반자

내 심혼의 자유를 깨어나게 하는
현실의 삶 자유로운 나 볼 수 있도록

톱(䥥)의 애절한 선율
-2023. 10. 23

톱의 몸 굽힌 음률. 퉁소 소리통 숨결
기타의 줄 음정에 개성이 서로 어울려
사계절 쉼터 애환의 혼성 연주를 한다.

퉁소와 기타는 희로애락 선율 타는데
톱은 날이 갈수록 애절한 선율 깊어져
퉁소 기타는 곡조에 취해 이해 구한다

톱은 내 일상이 망나니의 시달림에서
무릇 늘 푸른 삶을 자르는데 원통함에
톱날이 다 닳도록 애절한 곡조라 한다.

성장기 대장장이 매를 맞고 담금질에
아프지 않게 살아야 한다는 바람에서
톱(䥥)*결 애절한 성찰의 선율이란다

*톱(䥥): 날카로움이 없어져 무뎌졌다
*결:곧고 바르며 과단성 있는 성미다

봉암수원지 와 백암지
-2023. 10. 20

수원지 입구 꽃무릇와 임에 추억 나누고
협곡 좁은 한낮 보행이.왜 이다지 쓸쓸할까
일제 식수 땜 공사 노역자들의 슬픔에서

수원지 강제 노동에서 백암지 훈련까지
가족 못 챙겨 일제 식수 땜 노역 설움이
국가 수복 깊은 수심의 해병 훈련장으로

봄날 기 서린 물결 테는 겹겹이 굳어 있고
백암지 절벽 훈련병 군홧발 애환의 빛은
옛 추억 해방의 봄비로 다시 돌아보고
매국노 을사오적 역사의 35년 한스럽다

주체 잃은 핍박의 수세 테 해방의 기다림
고난 이겨낸 한 방향 힐링의 이곳 질서는
사계절 내림에 추억은 희망의 어울림이다.

후투티
-2024. 3. 30

훗훈~ 훗훈~ 노래로 앞가림이 분명한 새
흑백 날갯짓은 지천을 살피며
성장기 땅강아지 등이 주 먹거리임을 알렸다.

애쓴 만큼 부리가 길어져 즐거운 기분은
내림의 형세에 맞추어 벼슬을 키워 펼치고
민첩한 슬기는 미지선에 호신용도 품고 나섰다.

옛 개척 길에 호피 인디언*은 심신 추스르며
적을 만난 경계심에 권위의 벼슬은 세웠으나
삶의 앞가림이나 세대 문화는 퇴색되고
슬기의 내림 잃어가면서 자연을 동경하다
세상 형세 파악하지 못해 총칼에 사로잡혔다.

고향 토우에 빛던 후투티는 인디언과 비교해
천지를 슬기롭게 개선해 나가는 명예로
이스라엘의 국조 되어 동반의 삶을 살고 있다.

봄의 정서
-2024. 7. 20

봄은 늘 갇혀있는 생활의 틀에서 벗어나
그리워서 북돋우는 삶의 마중 길이다

도시의 정원 석전 아파트 돌무지에
찬바람에 곧아진 꽃대가 있다
철새가 봄 타면 어그러진 자리도 없듯이
봄비 젖은 마른 꽃대 웃음꽃 피어난다

아지랑이 타고 와 꿈꾸는 청춘 남녀들
단비 스며든 정원에 꿈들의 미래 짓에서
벚꽃 흩뿌려지는 화사한 날 사진의 대화
좋은 자리 앉아 꿈의 대화 이루어지니

해갈 비 보듬던 꽃대 그리움이 차올라
새싹의 하늘 길 터준 기쁨에 눈물 흘린다

청라언덕 혼연의 솔밭길

청라언덕 솔밭길에 피었던 사과꽃 향기가
옛 돌담길에 근대路 굽어본 그대 사랑이
지금 자유로운 청춘들이 더없이 아름답다

일어설수록 묘한 혼연(渾然)의 청라언덕
들춰낸 일제 만행은 짐승의 아수라장 속
대한독립 만세 외치던 3-1절 청춘의 혼은

어둠에 새벽길 찾아가는 친구 부름 소리가
노래비 옆 90계단 3-1운동 솔밭길에서
민족정기 배인 배움의 실천 되살리듯이

지금도 매국노 근성이 상고사를 핍박하여
백의민족 북두칠성 상투 잃은 우리가
삼성기* 혼연의 역사 대한민국 되살린다

*삼성기: 환국. 배달국. 고조선 역사다

| 5부 |

- 바람이 전하는 말 -

최문수 시집

시 해설

| 최문수 시집 |『바람이 전하는 말』시 해설
-생명의 빛을 포착해 내려는 윤리적 감수성이 뚜렷-

배성근(시인, 수필가)시와늪문인협회대표

－생명의 빛을 포착해 내려는 윤리적 감수성이 뚜렷－

청암 배성근 시인. 수필가(시와늪문인협회 대표)

최문수 시인은 강원도 횡성읍 우천면 어개에서 태어나 자연의 결을 닮은 언어로 삶과 존재의 뿌리를 탐색해온 서정시인이다.

2010년《계간 시와늪》제8집에 추천작을 발표하며 작품 활동을 시작하였고, 이후 동 문예지의 정회원 인증서를 수료하며 본격적인 창작의 길에 들어섰다. 그는 시와늪 문인협회에서 계절마다 발행하는 계간 시와늪 제8집(2010.7.18.)부터 최근 제68집 여름호까지 15년 넘게 꾸준히 작품을 발표해 왔으며, 아울러 제10집(2011.1.15)에서는 '이달의 작가상'을 수상하였다.

2013년과 2014년에는 합천 팔만대장경 행사관련하여 소리길에서 열린 '전국문인 걸개시화전' 제1· 2회에 참가하여 시와 시화로 대중적 소통에 힘썼다. 또 시와늪문인협회의 '동행' 시리즈 전자책에 수록되어 교보문고 등에서 판매되기도 했다.

또한, 계간 시와늪 제25집(2014.10.23)에서는 제1회 신인상을 수상하며 공식 등단하였다. 이어 제29집(2015.10.31)에서는 사무국장으로 열정적으로 활동하여 공적의 공로상을 받았다.

제41집(2018.10.25)에서는 10주년 작가상을 수상하였다.

2023년 6월 5일, 지역신문인 창원특례신문에 시 「막장의 얼」 제1편이 게재되었으며, 2025년 계간 시와늪 제67집에서는 제1회 '임해진문학상'을 수상하였다.

초창기 시와늪문인협회 멤버로서 15년 가까이 한 길을 걸으며 "건강한 자연, 건강한 사람, 건강한 문학"이라는 시와늪문인협회 슬로건을 실천 해온 그는, 조용한 뚝심과 진정성으로 한 자리를 지켜온 시인이다.

모든 시는 삶의 현장성과 고요한 서정성이 맞닿은 언어로 이루어져 있다. 그의 시는 특별한 수사를 피하고, 일상과 자연의 결을 있는 그대로 마주하는 태도를 견지한다. 고향의 땅과 바람, 가족과 노동의 기억이 그의 시 세계를 이루는 토양이며, 이는 단순한 향수의 시학이 아니라, 몸과 마음으로 살아낸 생의 진실에 대한 정직한 기록으로 형성되어 있어 가치가 있다.

　시편들 속에는 사람 냄새 나는 고단함과 자연이 주는 치유의 리듬이 공존하며, 소외된 이웃과 잊힌 풍경에 대한 애정 어린 시선이 자리하고 있다. 때로는 광부의 막장처럼 어둡고 깊은 현실을 다루되, 그 속에서도 생명의 빛을 포착해 내려는 윤리적 감수성이 뚜렷하다는 것이 강점이다. 또한 조용하지만, 단단한 물살처럼 문학의 중심에서 바깥으로, 개인에서 공동체로, 그리고 슬픔에서 희망으로 이어지는 길을 열어간다. 그가 말하는 시는, '버려지지 않은 말'로 '잊혀지지 않는 사람'을 불러오는 길이며, 그 길의 끝에는 건강한 문학의 숲이 있는 작품 세계관이 뚜렷한 시인으로 시와늪의 알맹이 이며 훌륭한 시인이다.

기다리는 햇빛이 우리 마음 비칠 때
머문 자리 흑백의 영혼들은
잠에서 깨어 무등의 아동이 된다

돌아온 아지랑이 속삭임에서
오가는 시간에 가려진 동심은
동근 방울 놀이 기쁨이 아동의 마음이다
동토의 냇물 버들피리 노래 소리에
철부지는 청춘의 꿈을 피우고
어른은 아동 되어 산 들에 꽃놀이 할 때

창문에 당신의 보금자리 추억은
초목의 우듬지에 여행의 봄바람 싣고
노을에 걸린 인생을 깨운다

                -『동심(童心)의 봄』전문

시인의 시『동심(童心)의 봄』에 우러나오는 '창문'은 과거를 바라보는 시선이며, '보금자리 추억'은 잃어버린 순수한 시간들을 의미한다. 그것이 봄바람을 타고 초목의 끝에 즉 생명의 최고점에 닿을 때쯤이면 결국 '노을에 걸린 인생'을 다시 깨워 생의 의미를 되찾게 한다.

노을은 삶의 말기이며 회한과 여운을 상징한다, 그 속에서 '봄바람'은 삶을 흔들어 깨워 새롭게 환생하는 것이다. 또한 순수성, 기쁨, 회복으로 동심의 마음이 내포되어 있으며, 생명의 환기는 물론 기억까지 열리므로 결국 봄이라는 것을 일깨워 준다.

이 시에 담겨 있는 삶의 본질은 나이에 있지 않고 마음의 상태에 있다는 철학이 담겨 있다. 어른과 아동의 전환점이 된다는 것이다. 삶과 동심을 깨우는 존재는 시간과 기억의 매개가 되어 자연 속에서 전해주는 핵심의 주제이다. 봄이라는 계절 속에서 잊고

지낸 동심, 삶의 본질, 추억 속 순수한 시간을 떠올리고 있으며 그것을 현재의 우리 삶으로 다시 불러오는 시적 체험입니다. 또 흑백의 영혼조차 햇빛 속에서 아이가 되고, 어른조차 다시 꽃놀이하며 청춘의 꿈을 꾸듯 독자에게 자연과 삶과 기억의 통로를 통해 '순수로 돌아갈 수 있다'는 희망을 전하고 있다.

선심의 저 후보 맞춤에 다져진 공약이
세몰이 표심 모아 가는 심정에
유세 판 네가 없어야 내가 살판난다

초심에 이 후보 명함의 알찬 공지에도
제 갈 길 바쁘다. 돌아선 유권자들은
무시로 애를 날리니 속이 쓰리겠다
희망찬 진실의 호소가 허공을 맴돈다

네가 잘해야 나도 유세할 수 있다
명예의 전당 화촉의 세몰이 담은
흙탕물 속에서 민주의 꽃은 피지 못한다

민심을 방관으로 대하는 당선자 인식에
보름달 주변 별들의 속내가 달보다 밝듯
가난에 민의 머리 맞대 밤새 살판 내라

-『유세 시비에서』전문

이 시「유세 시비에서」는 선거철의 현실 정치와 민심의 괴리를 비판적으로 통찰하며, 민주의 본질이 상실된 정치판에 대한 날카로운 성찰을 담고 있는 작품입니다.

1연의 선심의 저 후보 맞춤에 다져진 공약이/세몰이 표심 모아 가는 심정에/유세 판 네가 없어야 내가 살판난다/ 여기서 "선심의 저 후보"는 유권자의 표를 얻기 위해 달콤한 약속을 남발하는 정치인을 비판하고 있다. '맞춤에 다져진 공약'은 정작 민심이 아닌, 전략적 계산과 쇼맨십에 기반한 것임을 드러낸다. "유세 판 네가 없어야 내가 살판난다"는 상대방의 실패를 통해 자기의 승리를 꾀하는 정치판의 본질, 이기적 현실을 고발합니다.

2연 초심에 이 후보 명함의 알찬 공지에도/제 갈 길 바쁘다. 돌아선 유권자들은/무시로 애를 날리니 속이 쓰리겠다/희망찬 진실의 호소가 허공을 맴돈다 '초심'은 정치인이 선거 초기에 다짐한 깨끗하고 진실된 마음을 뜻한다. 하지만 "제 갈 길 바쁘다"는 유권자들은 이미 실망하거나 정치에 냉소적인 반응을 보이고 있다. '무시로 애를 날린다'는 표현은 실망과 조롱이 뒤섞인 유권자의 감정을 나타낸다. 그 속에서 진정성 있는 호소마저 '허공을 맴도는' 현실은, 정치의 진심이 전달되지 못하는 답답함과 허무함을 드러냈다.

3연 네가 잘해야 나도 유세할 수 있다/명예의 전당 화촉의 세몰이 담은/흙탕물 속에서 민주의 꽃은 피지 못한다.에서 "네가 잘해야 나도 유세할 수 있다"는 말은 정치판의 상호 의존성과 내로 남불식 구도를 풍자한다. '화촉의 세몰이'는 결혼식의 환희와도 같은 선거 유세 분위기를 묘사하는 동시에, 겉만 번지르르한 선거 행태를 풍자이기도 하다. 그러나 이런 '흙탕물 속'에선 민주주의의 진정한 가치(민주의 꽃)는 피어나지 못한다는 절망적 진단이 이어집니다.

4연 민심을 방관으로 대하는 당선자 인식에/보름달 주변 별들의 속내가 달보다 밝듯/가난에 민의 머리 맞대 밤새 살판 내라./ 여기서 화자는 당선된 이후 민심을 외면하거나 방관하는 정치인의 태도를 비판한다. '보름달 주변 별들'은 주인공보다 주변의 숨은 민심(또는 참된 지식인, 소외된 민중)이 더 밝은 통찰과 의지를 지녔음을 의미한다.

마지막 연은 가난과 고통 속의 민중이 서로 연대하여 진짜 살판(생존과 정의)을 만들어내자는 시인의 촉구이자 기도로 마무리된다, 단순한 선거 풍경의 묘사를 넘어서, 정치의 타락, 유권자의 실망, 민주의 왜곡, 그리고 민중의 연대의식을 복합적으로 형상화한 정치 시다. 유세의 시비에서 '시인은 고결한 민심과 민주주의의 참모습을 다시 찾기를 바라는' 간절한 소망을 던지고 있습니다.

신선 구름 나들 피는 하늘 길가
칠선녀 못 넘겨보다 옷 훔쳐 내몰린 곰

수천 년 칠선계곡 거친 물살 속
사계절 여울 소리 짙게 새기며 뉘우쳐
동굴은 곰바우 되어 바로 않으니

바람 실린 소나무 언제 다가와 앉아
햇살 단정히 차려입고 밝은 하늘에 뜻
곧은 옛 야기 뿌리 나눔 풀어 줄 때

곰바우 털지 못한 무거운 짐
선바람 맞으며 날로 심신 가벼워진다

-『곰바우와 소나무』전문

시 「곰바우와 소나무」는 전설과 자연의 상징을 빌어 참회, 구속, 구원, 그리고 치유의 이야기를 담아낸 서정시입니다. 각 연을 중심으로 해설을 한다.

1연: 전설의 시작, 곰의 추락 "신선 구름 나들 피

는 하늘 길가 / 칠선녀 못 넘겨보다 옷 훔쳐 내몰린 곰"/『신선 구름, 하늘 길가』는 신령하고 청정한 세계이며 인간의 욕망이 닿기 힘든 이상적 공간이다.『칠선녀』한국 전설에서 자주 등장하는 천상의 존재이다. 하늘 맞다은 선녀탕에서 목욕하던 선녀의 옷을 훔친 곰은 그 세계에서 쫓겨난다. 여기서『곰』은 인간의 원초적 욕망과 죄의 상징한다. 신성한 경계를 넘보며 금기를 범한 곰은 벌을 받고, 하늘에서 추방된다. 이로써 시의 서사적 배경이 설정된 구간이다.

2연:『속죄의 시간, 곰바우의 형벌』"수천 년 칠선 계곡 거친 물살 속 / 사계절 여울 소리 짙게 새기며 뉘우쳐 / 동굴은 곰바우 되어 바로 않으니"

여기서 칠선계곡은 실제 지명으로, 깊은 계곡과 맑은 물이 흐르는 경남 함양의 신령한 장소를 말한다. 수천 년, 사계절 여울 소리는 긴 시간 속에서 자연의 흐름과 소리마저 곰의 참회의 노래처럼 들린다. 곰바우는 결국 바위가 되어 굳게 앉아 있는 형벌을 받는다. 이와 같이 자연 속에서 묵묵히 자기 죄를 반성하며 존재화된 곰의 형상이 곰바우(곰 바위) 라는 지형으로 남게 된다. 인간의 잘못이 자연 속에서 형상화된 '상징적 벌'이다.

3연:『소나무의 등장, 구원의 빛』"바람 실린 소나무 언제 다가와 앉아 / 햇살 단정히 차려입고 밝은 하늘에 뜻 / 곧은 옛 이야기 뿌리나눔 풀어 줄 때"/ 소나무는 우리 민족에게는 굳건함과 충절, 위로의 상징하고 있다. "햇살 단정히 차려입고"는 구원과 희망을 상징하는 밝음의 이미지이며 "곧은 옛 이야기"는 바른 진리, 정의, 도리 등의 회복이다.

소나무는 곰바우 곁에 다가와 과거의 잘못을 덮지 않고 '곧은 이야기'로 나누며 존재의 위로를 건넨다. 자연의 다른 존재인 소나무가 곰의 고독과 고통을 품고, 새롭게 해석해주는 구원의 목소리가 된다.

4연: 치유와 해탈이다. "곰바우 털지 못한 무거운 짐 / 선바람 맞으며 날로 심신 가벼워진다"/ 여기서 무거운 짐은 원죄 혹은 자책의 짐이며 선바람은 산속에서 불어오는 깨끗하고 맑은 바람. 선(禪)의 바람처럼 들리기도 한다. 심신 가벼워진다는 것은 고통의 극복, 마음의 해방되는 것이다. 오랜 속죄의 시간 끝에, 곰바우는 바람과 자연의 품 안에서 마음의 짐을 조금씩 내려놓고 있다. 자연과 함께 호흡하며 마침내 해탈에 이른다.

이 시는 마치 한국의 신화를 담은 한 편의 서사처럼, *금기를 어긴 존재(곰)*가 자연 속에서 *형벌(곰바우)*을 받고, *다른 자연 존재(소나무)*의 포용과 구원, 그리고 치유를 통해 해탈에 이르는 과정을 함축적으로 보여주는 시다. 이 시에서 말하는 곰은 인간의 욕망과 잘못을 상징 말하며, 소나무는 자연의 이타성과 회복력을 상징한다. 결국 자연은 인간의 죄마저 품어내며, 슬픔을 품은 장소가 치유의 장소로 전이되는 순환 구조를 이 시에서 조용히 말해준다.

고향 큰집 후원의 정 찾아 오솔길 굽어보니
동심 훔친 바람이 길섶으로 나를 이끌고
머문 자리 변함없이 생강나무 꽃향기 반긴다

참나무 길 안볼 것 다 보는 겹눈 퇴화하고
더듬어 가도 날 수 있는 장수하늘소 반겨
영수 녀석 또래 녀석들 불러와 모두 즐겁다

지금 도시 삶에 찌든 숨 토하며 기어오르니
돋음의 체면 이룬 새들은 가벼이 오가며
샛바람 능선에 잠긴 초목들 깨우며 반긴다

능선에 신선으로 앉아 동심 펼쳐본 중턱에
목탁 소리 미시의 탑돌이 기원 전하니
바라본 도시 삶 나눔에 세상 정겨워 보인다

-『산행의 정』전문

이 시 「산행의 정」은 고향과 산행, 자연의 품에서 회복되는 인간의 정서와 동심의 회귀를 그린 작품이다. 과거의 기억과 현재의 삶이 교차하며, 산과 자연 속에서 잃어버린 순수와 정겨움을 되찾는 과정을 잔잔하고 시적으로 풀어냈다.

1연: 고향, 그리움의 문턱이다. "고향 큰집, 후원, 오솔길"은 유년 시절을 떠올리게 하는 정감 어린 공간이다. 고향은 기억 속 '정'의 원천이다. "동심 훔친 바람"이 부분은 어릴 적 동심을 앗아간 세월과 바람. 그러나 그 바람이 길섶으로 자신을 다시 이끈다는 표현은 자연이 기억을 되살리는 매개체임을 암시한다. "생강나무 꽃향기" 이 부분은 시각보다 후각은 더 강렬한 기억의 매개다. 변하지 않은 생강나무는 고향의 지속성과 포용성을 상징한다. 시인은 산행을 시작하며 고향의 향기 속으로 들어선다. 잃었던 동심과 정을 불러일으키는 자연의 품에 안긴다.

2연 자연 속 생명들과의 만남이다. "참나무 길" "겹눈 퇴화"는 도시의 시야와 감각이 퇴화했지만, 여전히 자연은 느낄 수 있고, 걷다 보면 다시 살아난다. "장수하늘소"는 숲의 생명체이자 생태의 상징으로 느리고 튼튼하지만 '날 수 있는' 존재다. 자연은 여전히 포용적이며 살아 있다. "영수 녀석" 은 유년 시절 작가의 아명 이름이 등장했다. 동심의 회복이 기억과 재현을 통해 구체화 된 부분이다. 여기서 시인은 자연 속에서 어릴 적 친구들과 놀던 시간을 다시 체험하고 있어 산은 추억을 꺼내주는 정감의 공간이다.

3연: 지친 삶에서 벗어나는 회복의 과정이다. "도시 삶에 찌든 숨"이 부분에서 말하는 것은 피곤하고 소외된 현대인의 삶이며 "기어오르니"에서 말하는 것은 고단한 현실을 벗어나 산을 오르는 행위로 자기 회복의 여정이다. "돋음의 체면 이룬 새들"이 부분은 봄의 시작이며 자연이 제 역할을 하며 재생되고 있다는 것이다. "샛바람, 초목"은 산바람이 나무를 깨우듯, 시인의 내면도 자연과 함께 깨어난다. 산행은 곧 삶의 회복, 자연과의 일체감을 통해 치유 받는 과정이다.

4연은 동심과 깨달음이 깃든 산중 명상이다. "신선으로 앉아" 이 부분은 자연 속에서 고요한 초탈의 상태이며 신선처럼 자신을 내려놓고 고요하게 바라보는 내면의 상태라 한다. "동심 펼쳐본 중턱"은 마음은 이미 어릴 적의 순수함으로 돌아가 있다. 목탁 소리, 탑돌이 기원: 불교적 명상과 기원이 어우러지며, 정신적 치유와 기도의 시간을 보여준다. 도시 삶 나눔에 정겨움: 고요 속에서 되돌아본 도시의 삶도 이제는 온기 있게 다가온다. 시인은 자연을 통해 삶의 긍정과 따뜻한 시선을 회복한다.

이 시는 산행을 통한 회복의 서사시이다. 1연에서

는 고향과 동심의 회복이며 2연에서는 자연과 생명의 교감이다. 3연에서는 삶의 정화와 각성이며 4연에서는 내적 평화와 삶의 재해석을 담고 있다. '산'은 단순한 자연이 아니라 시간, 기억, 인간성의 원형을 품은 존재이며, 시인에게는 잃었던 '정'과 '동심'을 되찾고, 지친 삶의 고단함을 치유하는 회복의 성소로 등장한다.

어둠 밝히다 낮이면 중천에 떠오른 낮달
나의 꿈 부르는 소망의 얼굴이다

보릿고개 넘다 흩어진 성실한 가족들은
시간의 도시에 쫓기는 미로의 덫 헤치다
바라본 하늘에 날마다 떠올라 외로운
내 모습 살피는 여윈 낮달은

주린 배 감자 캐다 이랑에 자식 낳아서
기른 정 품은 사랑 깊은 부엌 보살님으로
단오놀이 유년 시절 감자 환갑날
모여 앉아 옹심이 빚어내 웃음꽃 피웠다

시나브로 소슬바람 젊음의 향기 훔칠때
늦은 귀향 한가위는 이내 시절 적시는데
설렘의 샛길 자정으로 떠오른 보름달은

잊힌 고향 길 밝히는 모정의 얼굴로
흩어진 가족 꿈 살피는 희망의 낮달이다

　　　　　　　　　　　　　　　－『낮달』 전문

　이 시 속에 「낮달」은 낮에 떠 있는 달이라 한다, 즉 '낮달'이라는 시적 이미지를 중심에 놓고, 고향과 가족의 그리움과 회한, 그리고 희망을 은은하게 담아낸 서정시다.

　낮달은 일반적으로 희미하고 약한 빛으로 하늘에 떠 있는 존재이지만, 시인은 그것을 소망의 상징으로 바라본다. 어둠을 밝히던 존재(밤의 달)가 낮에도 여전히 떠 있는 모습은, 꿈과 희망이 꺼지지 않고 낮에도 지속되는 마음의 등불임을 보여준다. "소망의 얼굴"은 달을 그리운 어머니의 얼굴로 비유했다. 고향의 이미지, 혹은 가족의 상징으로 겹쳐 읽히게 한다.

　2연에 시인이 말하는 보릿고개는 가난과 고생을 말하며 가족의 절박한 생계를 상징한다. '성실한 가족들'은 생계를 위해 흩어져 도시로 나갔다, 그렇게 도시의 시간에 쫓기며 살아가는 모습은 각박한 현실을 이 시에서 드러냈다. 그 와중에 시인은 하늘의 낮달을 바라보며, 스스로의 외로운 모습도 마주한다. 여기서 낮달은 가족의 부재 속에서도 조용히 나를 바라보는 존재다. 즉 어머니이자 고향의 눈빛처럼 느껴진다.

3연은 고향의 기억과 가족의 사랑을 서정적으로 그립니다. '감자 캐다 자식 낳은' 어머니, '사랑 깊은 부엌 보살님'은 희생적인 모정의 상징이다. '단오놀이', '감자 환갑', '옹심이' 같은 구체적인 풍속과 음식은 민속적 정서를 불러일으키며, 가족의 정이 오롯이 살아 숨 쉬던 시절을 회상하게 한다. 이 장면은 희생과 사랑이 응축된 모성의 정원이며, 낮달의 내면이자 기억 속의 고향이다.

4연 설렘의 샛길 자정으로 떠오른 보름달은 세월이 흐르고, 젊음도 지나가며, 삶의 바람 속에서 시인은 귀향하게 된다. '늦은 귀향', '한가위', '보름달'은 추석의 정서, 즉 고향으로 돌아와 가족과 조우하는 순간을 상징한다. '설렘의 샛길'은 어릴 적 뛰어다니던 고향의 작은 골목일 수도 있고, 마음속 깊은 추억으로 향하는 내면의 길일 수도 있다. 낮달이 아닌 '자정의 보름달'이 언급되지만, 이는 뒤에 다시 낮달의 의미로 연결됩니다.

마지막 연은 전체 시를 종합해 낮달을 고향 어머니의 얼굴로 상징화했다. 잊혀졌던 고향, 흩어진 가족들... 그러나 그 모든 것을 여전히 지켜보고 있는 낮달은 결국 희망과 기억, 그리고 사랑의 표상으로 자리 잡는다. 이로써 낮달은 단순한 자연 현상이 아니라, 시인의 내면에서 부활한 삶의 신화적 상징이 됩니다.

낮달은 이 시 전체에서 '희미하지만 사라지지 않는 희망, 고향의 어머니, 가족의 사랑'을 상징한. 시인은 가난과 분산, 도시화로 흩어진 가족과 기억, 그러나 사라지지 않고 떠 있는 소망과 모정의 존재를 담담하고 깊이 있게 노래했다. 회고적 구조 속에서, 낮달의 현재 적 의미를 회복하는 이 시는 시대적 고단함 속에서도 따뜻한 정서와 민속적 기억을 복원해 내는 시로 읽힌다.

네온 빛 반짝이는 빌딩 숲 각층 된바람이
어른 되어 갈수록 꿈이 작아진 창가에
고향 첫눈 맞은 놀이터 둔덕 소년 즐겁다

간밤에 내린 함박눈은 모난 것 덮어주고
처진 것 북돋워 아침 햇살 눈부신 길로
바라본 언덕 아지랑이 봄 길 펼쳐 보인다

지금 밤낮의 일상에 삶의 슬픔 발길에서
시름에 굳어 시린 눈망울 애처로움이
하얀 눈꽃 빛 따스함에 홀연히 안긴다

해마다 첫눈 은혜로운 영생 길 빛쳐주며
젊은 초상 도시 발자국에 되새긴 고향
소년의 눈동자 설국 능선 환희에 잠긴다

-『첫눈의 회상』전문

  시「첫눈의 회상」은 첫눈이라는 자연 현상을 통해 도시의 고단한 삶과 고향의 따스한 기억, 유년의 환희와 현재의 슬픔을 교차시키며, 시간과 공간을 관통하는 정서적 회귀를 보여주는 서정시다.

  1연 도시의 풍경: 네온사인과 빌딩 숲은 현대 도시의 차가운 삶터를 상징한다. '각층 된바람'은 복잡하고 각박한 인간관계와 경쟁의 현실로 읽힌다. '꿈이 작아진 창가'는 나이 들며 작아지는 이상과 희망, 세속화된 현실에서 느끼는 내면의 위축을 표현한다. 그러나 그런 현실의 창가에서 시인은 고향에서 맞은 첫눈은 놀이터 둔덕 위의 즐거워하는 소년의 모습을 떠올린다. 도시의 현재와 고향의 과거, 현실과 기억, 어른과 아이를 교차시키며, 감정의 회랑을 열어 준다. 함박눈은 상처와 모남을 덮어주는 치유의 상징이다. '모난 것 덮고, 처진 것 북돋는' 눈은 자연의 포용성과 따뜻함을 내포한다. 아침 햇살과 눈부신 길 그리고 언덕과 아지랑이, 길로 이어지는 이미지는 첫눈이 곧 새로운 시작과 희망의 출발점임을 암시한다.

겨울의 눈이지만, 그 속에서 봄의 예감을 발견하는 시인의 시선은 자연에 대한 사랑과 생명의 지속성에 대한 믿음을 보여줍니다.

3연에서 말하는 것은 현재의 일상은 '밤낮의 삶', 즉 쉼 없는 반복과 피로의 상징으로 묘사된다. '슬픔 발길'과 '시린 눈망울'은 도시에서 고단한 현실을 살아가는 존재의 외로움과 정서적 상처를 드러낸다. 그러나 '하얀 눈꽃 빛 따스함'은 그런 존재를 감싸안고 치유하는 시적 구원의 기제로 등장한다. 이 부분은 첫눈을 단순한 풍경이 아닌, 존재론적 위로의 상징으로 승화시키는 핵심 구간이다.

4. 마지막 연에는 '첫눈'은 이제 단순한 기억이나 자연 현상을 넘어, 영생의 길로, 은총의 상징으로 승화된다. '젊은 초상'은 시인의 청춘 시절, '도시 발자국'은 그 시절의 치열한 생의 흔적이다. '되새긴 고향'은 삶의 회귀점이자 원초적 정서의 중심이며 마지막 구절 '소년의 눈동자 설국 능선 환희에 잠긴다'는 시 전체의 정서를 집약한 클라이맥스로, 어린 시절 첫눈을 맞던 그 기쁨이 다시 시인의 마음속에서 환희로 되살아남을 보여준다. 전체적으로 이 시는 첫눈을 기억의 매개체, 치유의 상징, 삶의 은총으로 그리며, 도시의 차가운 현실 속에서도 자신을 포근히 감싸주는 고향의 따뜻한 정서를 회상한다. 과거와 현재, 도시

와 고향, 어른과 소년, 슬픔과 희망이 끊임없이 교차하는 이 시는 삶의 상처를 자연과 회상의 힘으로 치유하고, 그 본질을 회복하려는 시적 노력이라 할 수 있다. 이렇게 최문수 시인은 첫눈을 통해 시간을 건너는 감정의 회복, 고향으로의 정서적 귀향을 이뤄내고 있다.

믿음의 해는 어둠에 생명 밝게 북돋우고
밤이 되어서는 도시 바다의 별이 된다

밤낮 어둠의 바다 도시 빌딩 숲 일터
하청 노동 작업 전등에 매여 굽은 등골은
일몰을 맞는 평온한 산등성이가 정겹다

진실이 깨어나는 희망찬 일출은 잃고서
자연 훔쳐낸 도심 혼잡한 빌딩 숲 일터
해가 돌보지 못하는 원청 방어벽에 갇혀

해는 하루의 일몰 편안히 이끌어가지만
점멸등 다루는 사장은 만물의 주인으로
하청 하루 노동의 불균형 품삯 왜 모를까

-『도시 하청의 일몰』전문

시인의「도시 하청의 일몰」시는 도시 노동, 특히

하청 노동의 고단함과 구조적 불균형, 그리고 그 속에서도 하루를 마감하는 자연의 '일몰'이 주는 조용한 위안과 아이러니를 강한 시적 대비로 드러낸 시다.

도시의 구조 속에서 일몰이라는 자연 현상을 중심축으로 삼아 빛과 어둠, 중심과 주변, 원청과 하청이라는 이분법적 구도 속에서 노동의 진실을 질문하는 작품이다.

일반인이 생각하는 일몰은 일반적으로 하루의 마무리이자 평온한 휴식을 상징하지만, 시인은 하청 노동자들에게는 하루의 소진과 절망, 자연과 단절된 노동의 현장을 상징한다. 도시와 하청이라는 두 축이 구조적 불평등을 전제함을 암시한다.

1연의 해는 보편적 생명의 상징이다. '믿음의 해'는 존재의 본질이 믿음과 희망에 있음을 시적으로 표현한 것으로 보이며, 낮 동안 생명을 북돋는 역할이다. 해가 진 뒤, 도시는 별빛(불빛)으로 채워진다. 이 '도시 바다의 별'은 야경의 화려함, 하지만 그 속에 감춰진 고된 야근과 노동의 이면도 암시한다.

2연에 도시를 '밤낮 어둠의 바다'라고 표현한 데서, 시인은 도시의 삶이 끊임없는 어둠, 즉 피로와 고단함으로 가득하다는 비판의식을 드러낸다. '하청 노동', '작업 전등', '굽은 등골'은 도시 밑바닥에서 일하는 노동자들의 현실을 구체적으로 보여주는 이미지다. 하지만 그런 피로의 하루 속에서도 자연의 산등성이에서 바라보는 일몰의 풍경은 잠시나마 위안과 휴식을 준다.

3연 '진실이 깨어나는 일출'은 사라졌다. 즉, 희망의 새벽은 도시 노동자들에게는 환영일 뿐, 실제로는 도심의 소외된 노동 구조에 갇힌 하루의 반복이 남아있을 뿐이다. '자연을 훔쳐낸 도심'은 도시화가 자연을 침식하고, 그 결과 사람의 삶까지 병들게 했음을 상징이다. '해가 돌보지 못하는 원청 방어벽'은 해(자연적 질서, 공정함)가 미치지 못하는 공간, 즉 권력과 자본의 보호막으로 둘러싸인 불평등한 구조를 비판적으로 보여준다.

4연 일몰은 자연스럽고 평온한 마무리이지만, 도시 속의 사장은 '점멸등'을 다루는 인공의 빛, 자연과는 단절된 권력자로 그려진다. 시인은 묻는다. 하청 노동의 땀과 고단함을 왜 모르는가? '불균형 품삯'은 공정하지 않은 보상, 비합리한 구조를 드러내며, 결국 도시 일몰은 평온한 자연의 끝이 아니라, 부조리한 인간 구조의 종말성을 상징하게 된다.

푸른 꿈들이 나누는 이야기들이 쉼 없이
서로를 감싸며 희망의 선 긋는다

흑백의 꿈들이 어울리며 펼친 뒤풀이가
갈등이 부서지며 반기는 서로의 꿈
바라본 시선에 반짝이는 몽돌의 향연은
달빛 물결이 오갈 때마다 오색이 핀다

밤새워 먼발치 새벽길 연하게 드러내자
햇살 감기는 주상절리 언덕의 집 가새

믿음이 순수한 마음에서 이뤄낸 이상이
눈물의 바다 위에 온정의 빛 감돌아 일고
우듬지 새싹 봄바람 맞아 하늘에서 춤춘다.

-『이상의 바다 위에서』전문

위 시 「이상의 바다 위에서」는 꿈과 이상, 갈등의 극복, 자연의 교감이라는 주제를 바탕으로 시적 상상력과 화해의 서정을 담은 작품입니다. 바다를 배경으로 한 이 시는 꿈들이 어우러지는 희망의 공간이자, 감정의 화해와 인간 내면의 회복을 이루는 상징적 무대로 읽힌다.

1연의 '푸른 꿈들'은 젊음, 순수함, 이상을 상징한

다.이 꿈들이 '쉼 없이 이야기 나눈다'는 것은 이상과 이상 사이의 공감과 연대를 의미하며, 희망의 선을 그어 간다는 말은 미래에 대한 긍정적 전망이다, 혹은 이상적인 세계를 향한 방향 설정으로 읽혀지기 한다

   2연의 '흑백의 꿈들'은 서로 다른 가치, 신념, 계층, 혹은 상반된 감정을 상징한다. 그러나 그들이 어울려 뒤풀이를 한다는 표현은 화해와 공존, 대화의 장을 암시한다. 갈등이 부서지고 서로의 꿈을 반기는 순간, 바다는 *'몽돌의 향연'이 펼쳐지는 환희의 공간으로 변모한다.달빛 물결과 오색의 몽돌은 화해 이후 나타나는 조화의 아름다움과 정서적 승화를 상징한다.

   3연에서는 긴 밤을 지나 서서히 드러나는 새벽길은 희망의 여명을 상징한다. '주상절리 언덕의 집 가새'는 거칠고 단단한 현실 속에서도 삶을 꾸려가는 사람들, 혹은 이상 위에 세운 작고 단단한 공동체로 해석된다. 이 구절은 시공간을 구체화하며, 이상은 현실 속에서 살아가는 집처럼 구체적인 형태를 띠어야 함을 암시한다.

   4연의 믿음과 순수한 마음에서 탄생한 이상은, 현실의 눈물(고난과 슬픔)의 바다 위에서도 온정의 빛, 즉 인간적 연대와 희망의 파동으로 살아난다. 마침내, 우듬지의 새싹이 바람을 맞으며 하늘에서 춤춘다

는 장면은 고통 속에서도 피어난 이상이 현실에서 생명처럼 자라나고, 결국 아름답게 만개함을 뜻한다. 이로써 이상은 추상적 이념이 아닌, 자연과 삶 속에서 실현 가능한 생명의 형상이 된다

　이 시를 전체적으로 보면 이상과 꿈의 교류, 갈등과 화해, 인간적 온정의 회복, 그리고 그것이 자연 속에서 피어나는 과정이다. 시적인 비유와 자연 이미지를 통해 주제를 서정적으로 녹여낸 시로 독자들에 한층 친숙한 시로 다가선다. 아울러 유려하고 맑은 언어, 조화로운 감정선, 이상주의적 낙관의 시학이 드런난 시이며 현실의 고통을 부정하지 않으면서도, 그 너머에 있는 감정의 회복과 이상 실현의 가능성을 노래한다. 바다와 달빛, 새벽과 우듬지라는 자연 이미지들이 내면의 변화와 공동체적 화해를 상징하며, 시인의 메시지는 "이상은 구름 위가 아니라, 눈물 위에서도 자라날 수 있다"는 희망의 언어로 귀결된다.

바라는 말들이 뿔따구로 다가온다
자신만의 고집으로 깎아내리며
늘 와닿는 언행들이 공포로 변해 멍때린다
친구처럼 대하는 잔소리와 달리
수없는 생활공간에서 반감 이는 언행이
대하기 싫은 벽이 되어 누망마저 잃는다

햇볕의 바람은 늘 공명한 내림으로
초록빛 새벽 잎새 아스라이 스쳐도
새싹은 해맑은 정감으로 담아낸다
바람은 정신 나간 언행이 전해올 때마다
밤낮 어머니 정감 어린 공명 되새기며
반감 이는 언행들 살고 싶도록 달래본다

-『잔소리와 뿔따구』전문

시인의 「잔소리와 뿔따구」는 현대인의 일상에서 겪는 언어 폭력, 감정의 상처, 그리고 그 치유의 방식을 시적으로 풀어낸 작품이다. 특히 가정이나 공동체 내에서 반복적으로 마주치는 말과 태도가 심리적 위협과 거리감으로 작용하는 과정을 그리고, 그 상처를 자연의 기억, 어머니의 정감으로 다스리려는 내면의 치유 노력이 돋보인다.

1연은 감정의 벽이다. 말이 흉기가 될 때가 있다. '바라는 말들'이 뿔따구로 다가온다. 말이 애정이나 관심이 아닌, 공격적이고 강압적인 형상으로 다가올 때, 듣는 이는 상처를 받는다. '뿔따구'는 짜증 섞인 말투나 성난 태도를 의미하며, 사랑이라는 명분으로 감추어진 폭력성을 상징한다. '늘 와닿는 언행들이 공포로 변해' 익숙하고 가까운 존재(가족, 가까운 사람)에게서 나온 말이 오히려 더 깊은 정신적 타격이 된다.

'생활공간'에서 반복되는 반감의 언행은 점점 심리적 벽을 만들고, '누망마저 잃는다'는 표현은, 시적 화자가 희망이나 감정적 소통의 가능성조차 닫아버렸음을 보여준다. 언어는 공감 없이 전달될 때, 관계를 해치는 무기가 될 수 있다는 것이다.

2연은 자연과 모정과 치유의 회복력이다. '햇볕의 바람', '초록빛 잎새'는 자연의 따뜻한 품성과 순환의 조화로움을 상징한다. 이런 자연은 말없이도 위로가 되고, 상처받은 마음을 해맑은 정감으로 감싼다. '바람은 정신 나간 언행이 전해올 때마다 다시 반복되는 상처의 순간마다, 시인은 자연과 어머니의 기억을 되새긴다. '어머니의 정감 어린 공명'은 가장 순수하고 무조건적인 사랑, 말 없는 공감의 원형이다. 마지막 구절에*'살고 싶도록 달래본다'는 이 시의 백미이다. 그것은 단순한 치유가 아니라, 존재를 이어가게 하는 정서적 회복의 핵심이기 때문이다. 언어의 폭력은 자연의 정서, 어머니의 기억으로 상쇄되며, 존재의 의지를 되살린다. 일상 속 언어의 폭력과 그것이 남긴 상처, 그리고 자연과 모정을 통해 치유해 가는 삶의 의지이다.

이 시에는 직설적 언어와 은유적 이미지의 조화 '뿔따구', '멍때린다' 같은 현실적 어휘와, '햇볕의 바람', '초록빛 잎새', '공명' 같은 시적 이미지가 균형을 이른다. 구조상 대조 구성을 보면 1연은 상처와 단절, 2연은 치유와 회복으로 진행되어 감정의 전환을 뚜렷하게 보여준다. 문학적으로 해석하는 이 시는 단지 푸념이나 감정 토로에 머물지 않고, '말의 본질'과 '관계의 회복'을 시적 장치로 재구성하고 있다는 점에서, 사회적 정서 치유의 서정시로서 가치가 있다.

바람이 전하는 말

최문수 시집

초 판 인 쇄 | 2025년 7월 15일
발 행 일 자 | 2025년 7월 20일
지 은 이 | 최문수
펴 낸 이 | 김연주
펴 낸 곳 | 도서출판 성연
등 록 | (등록 제2021-000008호)경남 창원
홈 페 이 지 | https://cafe.daum.net/seongyeon2021
사 무 실 | 창원시 성산구 대원로 27번길 4(시와늪문학관 내)
디 자 인 | 배선영
편 집 인 | 배성근
대 표 메 일 | baekim2003@daum.net
전 자 팩 스 | 0504-205-5758
대 표 전 화 | 010-4556-0573
정 가 | 13.000원
제 어 번 호 | ISBN: 979-11-991649-4-9(03800)

☙ 저자와의 협약으로 인지를 생략합니다.
☙ **본 시집은 한국예술인복지재단 창작준비지원금 일부를** 지원받아 발간되었습니다
☙ 이 시집의 전부 또는 일부를 재사용하려면 반드시 지은이와 도서출판 성연에 동의를 얻어야 합니다.
☙ 본 지는 한국간행물 윤리위원회의 윤리강령 실천 요강을 준수합니다.
☙ 파본 된 책은 교환해 드립니다.

이 도서의 출판 예정 도서 목록(CIP) 은 979-11-991649-4-9(03800)
국립중앙도서관 서지정보유통지원시스템 홈페이지(http://seoji.nl.go.kr/)와
국가자료목록시스템(http://www.nl.go.kr/kolisnet)에서 이용할 수 있습니다.